Harald Jäckel • **Die Zukunftsgestalt der Freien Waldorfschule**

Harald Jäckel

Die Zukunftsgestalt der Freien Waldorfschule

Ein Beitrag zur Innovation von Strukturen und Prozessen

INFO3 VERLAG

Harald Jäckel: Die Zukunftsgestaltung der Freien Waldorfschule
Ein Beitrag zur Innovation von Strukturen und Prozessen

ISBN 978-3-95779-104-7

1. Auflage 2019
2. Auflage 2023

Dieses Buch ist auch in einer **englischen Version** verfügbar. Bei Interesse wenden Sie sich bitte an den Verfasser (E-Mail: harald.jaeckel@icloud.com).

Lektorat: Christine Tremel
Korrektorat: Silke Kirch
Gestaltung: Anke Okyere, Frankfurt am Main
Umschlag: Frank Schubert, Frankfurt am Main, unter Verwendung eines Motivs von Fotolia/Adobe Stock
Druck: Dilling Printmedien, Olpe

Inhalt

Ein Vorwort

Dieses Handbuch schreibe ich aus Dankbarkeit für meine persönlichen Entwicklungsschritte, die mir die Arbeit als Waldorflehrer und die Quelle der Anthroposophie ermöglicht haben.

1986 begründete ich mit einem Kreis engagierter und von mir sehr geschätzter Menschen eine Waldorfschule an meinem Heimatort Bad Nauheim und führte in den folgenden Jahren dort eine Klasse von der dritten bis zum Abschluss in der achten Klasse.

In meiner sich daran anschließenden Beratertätigkeit habe ich seit 1992 in jedem Jahr Waldorfschulen, verschiedene anthroposophisch orientierte Einrichtungen und Unternehmen begleitet. In Organisationen mit dem Anspruch der Selbstverwaltung habe ich immer wieder leidvoll erleben müssen, wie schwierig das Thema Führung zu behandeln ist. Viele Missverständnisse, Spannungen und eskalierte Konfliktsituationen haben mir gezeigt, dass guter Wille, gesunder Menschenverstand, Sympathie und Initiative nicht alleine ausreichend sind, um eine Organisation zielorientiert aufzustellen. Meine tiefste Überzeugung ist, dass Selbstverwaltung Führung benötigt. Dazu werden verantwortungsbewusste und entwicklungsorientierte Persönlichkeiten benötigt.

Das von Bernhard Lievegoed entwickelte und von Friedrich Glasl ausdifferenzierte Modell der Entwicklungsphasen führt leider oft zu Missverständnissen. Viele Schulen glauben sich schon in der Integrationsphase und versuchen in einem freien Spiel der Zusammenarbeit die unterschiedlichen Organe, Initiativgruppen, Personengruppen, Interessen und Bedürfnisse regeln zu können. Auch umfangreiche Dokumentationen und Beschreibungen der Funktionen und Organe helfen nicht weiter, wenn sie nicht stimmig ineinandergreifen. Am Ende stellt sich immer wieder die Frage, wer hat hier den Überblick, wer trifft hier welche Entscheidung und aus welchem Impuls.

Das beschriebene Ressortmodell ist entstanden in der Krisensituation einer großen Waldorfschule. Ich habe es weiter ausgearbeitet und im Rahmen meiner Schulberatungsprozesse als eine stimmige und funktionierende Konzeption etablieren können. Einige der Schulen haben sich daran orientiert und es eingeführt. Sicher gibt es Schulen, die ein anderes Strukturmodell gewählt haben und gut funktionieren. Neben einer schlüssigen Struktur ist ja auch immer die persönliche, inhaltliche und soziale Kompetenz der Betroffenen entscheidend für ein fruchtbares Miteinander im Rahmen einer Waldorfschule. Mein Anliegen ist, einen Impuls zu setzen, um Schulstrukturen und -prozesse zu hinterfragen und zu verbessern. Waldorfschulen mögen auch selbst in Entwicklung bleiben und dabei die Lebendigkeit entwickeln, mit der Waldorfpädagogik für die SchülerInnen gelebt wird.

Im Folgenden ist ein Arbeitshandbuch entstanden, das bewusst Platz lässt für eigene Überlegungen und Kommentare.

Zum Schluss möchte ich noch meiner Lektorin Christine Tremel meinen herzlichen Dank aussprechen.

Harald Jäckel, Prien, den 1.1.2019

Die Gründung einer Waldorfschule

Die Prägung

Jede Gründung einer Waldorfschule hat eine ganz individuelle Geschichte. Der jeweilige Impuls kann aus sehr verschiedenen Zielsetzungen entstehen und von unterschiedlichen Personengruppen ausgehen, was prägend in die weitere Entwicklung der Schule hineinwirkt.

Wird die Schule von einem oder einer LehrerIn oder einer Gruppe von LehrerInnen gegründet, steht die Verwirklichung von zeitgemäßer Waldorfpädagogik meist ganz im Vordergrund. Dabei zeigt sich in den nächsten Jahren in vielen Fällen eine Dominanz der LehrerInnen gegenüber den Eltern im Hinblick auf die Entwicklungsrichtung der Schule. Natürlich ist die Qualität der partnerschaftlichen Zusammenarbeit im Einzelfall von den sozialen Fähigkeiten der Betroffenen abhängig und kann in hohem Maße differieren.

Ich habe erlebt, wie eine Waldorfschule aus einer kleinen Gruppe von Eltern initiiert wurde, die wenige Jahre vorher bereits einen Waldorfkindergarten gegründet hatte. Mit der absehbaren Schulreife der heranwachsenden Kinder und dem dringenden Wunsch, Waldorfpädagogik für die eigenen Kinder zu ermöglichen, konnte sich ein kraftvoller Impuls in die Welt stellen. Diese Gründung war davon geprägt, dass die zukünftigen Eltern ein Gebäude ausfindig machen konnten, die Renovierung tatkräftig vorantrieben und einen ersten Lehrer schon ein Jahr vor dem geplanten Beginn des Schulbetriebs anstellten.

Im weiteren Verlauf der Schulentwicklung hat die kooperative Zusammenarbeit zwischen Eltern und LehrerInnen auf Augenhöhe die Grundlage dargestellt für eine bis heute gut funktionierende, sich weiter entwickelnde zweizügige Waldorfschule.

Der Beginn

In einer gesunden Gründung steht der dreigliedrige Impuls Rudolf Steiners am Anfang. Es gilt, den spirituellen Impuls einer Waldorfschule in einem sich bildenden Lehrerkollegium zu verlebendigen, eine tragfähige Gemeinschaft zu bilden, die mit Freude und Motivation hilft, die Schule zu entwickeln und die operativ notwendigen Schritte zielorientiert zu setzen, damit ein funktionierender Schulbetrieb seine Arbeit aufnehmen kann.

Dabei spielt die Handschrift der agierenden Persönlichkeiten eine zentrale Rolle. Die spirituelle Arbeit des Kollegiums kann in der Gründungsgruppe im Inneren als kraftspendend und im Äußeren als impulsierend erlebt werden. Andererseits kann die anthroposophische Arbeit der KollegInnen aber auch ausschließend und elitär erlebt werden, wenn es die Lehrerschaft versäumt, den spirituellen Ansatz der Waldorfpädagogik in allgemeinverständlicher Sprache auch den Eltern zu vermitteln.

Die Gemeinschaftsbildung gelingt in fruchtbarer Weise, wenn die wesentlichen Fragestellungen kontrovers diskutiert werden können und der Hintergrund einer getroffenen Entscheidung den relevanten Personengruppen zeitnah vermittelt wird. Gemeinschaftsbildung kann hingegen problematisch erlebt werden, wenn einzelne Persönlichkeiten mit dominanten Entscheidungen in den Vordergrund treten, zu wenig Informationsprozesse stattfinden und Betroffene überraschend vor vollendete Tatsachen gestellt werden.

Die Fülle der zu erbringenden Aufgaben kann nur gelingen, wenn unter den Beteiligten gute Absprachen möglich sind, Fachkompetenz für die jeweilige Frage vorhanden ist und sich die Kraft einstellt, die vielen notwendigen Dinge zu erledigen.

Es ist deutlich, dass bei der Gründung einer Waldorfschule viele Prüfungen zu meistern sind, Stolpersteine an vielen Stellen bereitliegen und es immer wieder kurzfristiger Klärungen zwischen Betroffenen bedarf.

In unserer Schulgründung sind wir sehr schnell übereingekommen, dass es ein Bewusstseins- und Verantwortungszentrum braucht, um die vielfältigen Anforderungen, Notwendigkeiten und konkreten Schritte mit sozialem Geschick zu bewältigen. In einer großen Ratsversammlung der ganzen Schulgemeinschaft wurde beschlossen, einer Gruppe von vier Personen die maßgeblichen Entscheidungen und die Prozessverantwortung für die anstehenden Umsetzungsschritte der entstehenden Schule zu übertragen. Die Beteiligten waren: Der Gründungslehrer, der Geschäftsführer, ein Vorstandsvertreter, ein Lehrer. Es zeigte sich, dass alle kontroversen Positionen in dieser Gruppe bewältigt und die Realisierung der notwendigen Schritte koordiniert durchgeführt werden konnten. Die Mandatierung endete nach etwa drei Jahren.

Die Pionierphase

Die Pionierphase einer Organisation ist allen Beteiligten meist unvergesslich. Die Menschen sind hochmotiviert alles zu leisten, was für das beginnende, gemeinsame Projekt notwendig ist. Im Nachhinein ist oft völlig überraschend, wer über welche Fähigkeiten verfügt und wer welche Aufgaben übernehmen kann. An vielen Stellen wird das Unmögliche möglich, indem das Mögliche geschieht. Das gilt für die Elternschaft der neu beginnenden Klassen, für die Vereinsmitglieder und auch für das Kollegium. Die Qualität der Initiative, der Improvisation, der Freude am Gestalten und der Erfolg des gemeinsamen Werdens schaffen in der Gruppe der beteiligten Menschen ein Erlebnis des über Sich-Hinaus-Wachsen-Könnens. Die Pionierphase in ihrer Blüte kann verglichen werden mit einer gut eingespielten Familie, in der jede Person ihre Rolle ergreift und innehat.

In dieser Zeit wird auch ein relativ dominanter Führungsstil beispielsweise eines bzw. einer GründungslehrerIn, eines bzw. einer GeschäftsführerIn oder MäzenIn aus der Elternschaft geschätzt oder zumindest geduldet, da Hierarchie und Deutungshoheit, gepaart mit Kompetenz, zunächst hilfreich sind und Orientierung schaffen.

Im Laufe von Monaten oder Jahren bilden sich die Verhältnisse zwischen den Menschen weiter aus. Einerseits festigen sich freundschaftliche Beziehungen und andererseits verdichten sich auch spannungsbeladene Verhältnisse, Konkurrenzsituationen, antipathische Abgrenzungen. Es zeigt sich, dass das Improvisieren in der Organisation an verschiedensten Stellen zu unüberschaubaren, manchmal chaotischen Verhältnissen führt. In der überreifen Pionierphase kann es zu vielfältigen Problemen kommen, wie dem Scheitern von Initiativen, Machtkämpfen zwischen Personen und Gruppen, erlebter Willkür, Undurchschaubarkeit, Abhängigkeitsverhältnissen, Ohnmachtserleben, innerer Kündigung und Rückzug.

Es entstehen Fragen im System:

- Wer ist der Souverän? Wer hat hier das Sagen? Wer hat welche Veto-Befugnisse?
- Was ist die Rolle des Vereinsvorstandes im Verhältnis zur Internen Konferenz?
- Was ist die Rolle der Eltern im Verhältnis zur Rolle der LehrerInnen?
- Welche Entscheidungsbefugnisse liegen bei einzelnen Organen?
- Wer steuert die Finanzen und genehmigt Investitionsentscheidungen?
- Wer entscheidet über das Schulprofil und die weitere Schulentwicklung?
- Wie kann mit Vorwürfen, Verfehlungen, Übergriffen, erlebten Manipulationen umgegangen werden?
- Wer hat die Aufgabe, tieferliegende Spannungen oder eskalierte Konfliktsituationen zu bearbeiten oder die Unterstützung zu organisieren?

Die Differenzierungsphase

Es kommt die Zeit, in der klare Zuständigkeiten vereinbart werden können. Wer aber darf diese Zuständigkeiten definieren und Verantwortlichkeiten an Personen oder Gruppen vergeben? Liegt dieses Recht bei der Internen Konferenz der Lehrerschaft, die sich in vielen Schulen als spirituelles Zentrum versteht und daraus das Gestaltungsrecht der Organe des Vereins ableitet? Oder ist das Ursprungsorgan die Mitgliederversammlung, die ihren Gestaltungsauftrag an einen Vorstand und dessen Erfüllungsgehilfen, den oder die GeschäftsführerIn vergibt?

Ein Erklärungsmodell, das an vielen Schulen lebt, ist folgendes: die **rechtlich-wirtschaftliche Verantwortung** für eine Waldorfschule liegt über den Verein beim Vorstand. Die **De-facto-Verantwortung** für die Ausgestaltung der Waldorfschule, die pädagogische Prägung, den pädagogischen Schulbetrieb, die pädagogische Qualität liegt bei der Lehrerschaft. Als wichtigstes Organ der Lehrerschaft fungiert die Interne Konferenz. Insofern geht eine weitgehend allgemeingültige Struktur davon aus, dass eine wirtschaftlich-rechtliche Verantwortung und eine De-facto-Gestaltungsverantwortung in der Organisation der Waldorfschule getrennt werden können.

Diese Struktur wird oftmals angeführt als Übertragung der Konzeption der Dreigliederung eines sozialen Organismus Rudolf Steiners auf die Waldorfschule, die er selbst aber nie dafür ausgeführt hat. Er hat den dreigliedrigen Ansatz sehr ausführlich für ein Staatsgebilde beschrieben.

Wesentlicher Grundgedanke im Zusammenhang hier ist, dass der Kernprozess in den Organisationen des Geisteslebens (Universitäten, Schulen, Forschungseinrichtungen, Think Tanks ...) nicht vom Wirtschaftsleben geprägt, gelenkt, manipuliert werden dürfen, sondern in Freiheit wichtige Themen, Inhalte, Konzepte und Strategien entwickelt werden können. Das Geld dafür entsteht aus freien Spenden des Wirtschaftslebens für das Geistesleben. Die Verhältnisse und Regeln dafür werden im Rechtsleben festgelegt.

Aus meiner Sicht stimmig übertragbar ist der Anspruch an eine Struktur in einer Waldorfschule, dass der pädagogische Kernprozess und die künstlerische Gestaltung des Unterrichts in der Freiheit jedes einzelnen Lehrers oder jeder einzelnen Lehrerin liegen möge und nicht durch Interessen wie auch immer gearteter Finanzdispositionen geprägt werden darf. Im Hinblick auf Machbarkeit wird deutlich, dass die Grenzen der Freiheit dem gesunden Menschenverstand zu genügen haben.

Andererseits ist klar, dass die ganze Schule in allen Organen vom Geist der Waldorfpädagogik durchdrungen wird, überall Kreativität, Intuitionsvermögen, Freiheit der Ideen möglich werden. Und der Unterricht selbst ist als wertschöpfender Kernprozess der Schule dem Pol des Wirtschaftslebens zuzuordnen. Hier werden Bedürfnisse befriedigt, hier entstehen die Leistung und Qualität der Waldorfschule.

Mir erscheint richtig, die Qualitäten der Dreigliederungskonzeption immer wieder auf die konkrete Situation in einer Waldorfschule anzuwenden. Eine institutionelle Gliederung der Organstruktur lässt sich aus meiner Sicht nicht ableiten.

Dreigliederung

Geistesleben	• Freiheit Toleranz Konkurrenz Spiritualität Wahrheit	Ideenreichtum Innovation Intuition
Rechtsleben	• Gleichheit Würde Gerechtigkeit Soziale Kompetenz	Rechtliche Regelungen Arbeitsvertrag
Wirtschaftsleben	• Geschwisterlichkeit Befriedigung der Bedürfnisse Kundenorientierung Verbindlichkeit	Unterricht Fachwissen Qualität Leistung

An vielen Freien Waldorfschulen hat sich eine weitgehend allgemeingültige Struktur etabliert:

Lehrerschaft:	Differenzierte Struktur von Konferenzen mit unterschiedlichen TeilnehmerInnen: Pädagogische Konferenz, Technische Konferenz, Interne Konferenz, mandatierte oder delegierte Aufgabengebiete an Personen oder Gruppen
Elternschaft:	VertreterInnen aus jeder Klasse verbunden in einem Elternrat, verschiedene Arbeitskreise
Schülerschaft:	Klassensprecher, Schulsprecher, SchülerInnen-Selbstverwaltung
Vereinsstruktur:	Mitgliederversammlung mit Vereinsvorstand in Verantwortung für GeschäftsführerIn und Verwaltung

In der historischen Entwicklung der Waldorfschule kann man erkennen, dass dieses Modell so lange gut funktioniert hat, solange Lehrerpersönlichkeiten Akzeptanz und Autorität besaßen und nicht in Frage gestellt wurden. Eltern in der Funktion der Vorstände haben sich verstanden als ein schützendes Umfeld, um den Innenraum der spirituell orientierten Waldorfpädagogik zu ermöglichen und sich weitgehend selbstlos um den rechtlich-wirtschaftlichen Rahmen für ein gutes Gelingen des Schulbetriebs einzusetzen.

In der heutigen Zeit ist dies nicht mehr in gleicher Art und Weise der Fall. Die Individualisierung der Menschen ist fortgeschritten und das wache Bewusstsein ausgeprägter.

Das traditionelle System Waldorfschule

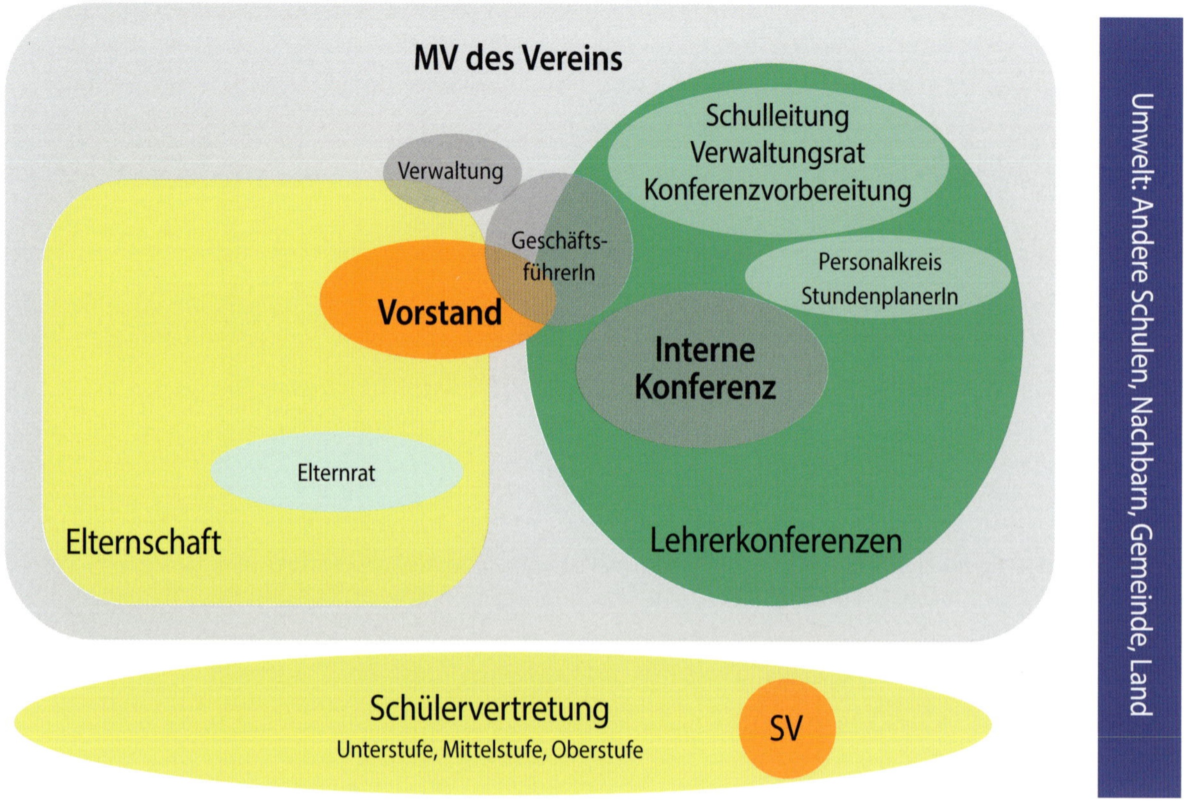

Die Lehrerpersönlichkeiten insgesamt werden von Elternseite zunehmend hinterfragt. Außerdem steht der Ansatz der Waldorfpädagogik im aktiven Mitbewerb zu anderen reformpädagogischen Ansätzen. Im Hinblick auf kritische Fragen in einer Waldorfschule, zum Beispiel einer Kündigung von KollegInnen oder SchülerInnen, der weiteren Ausrichtung einer Schule, etwa hin zu einer integrativen Schule, die inhaltliche Ausrichtung einer Oberstufe, größere Investitionsentscheidungen usw. fordert die Vorstands- bzw. Elternseite einbezogen zu werden. Nur wenn ein offener Diskurs und eine konstruktive gemeinsame Lösung erarbeitet werden können, bleibt der soziale Frieden gewahrt.

Aus meiner Beratungserfahrung kann ich schildern, dass diese konstruktive gemeinsame Lösung oft nicht gefunden wird. Ich hatte mehrere Konfliktsituationen zu begleiten, in denen sich innerhalb des Kollegiums oder zwischen Organen in der Struktur, insbesondere zwischen der Internen Konferenz und dem Vorstand, tiefgreifend unterschiedliche Sichtweisen im Hinblick auf eine mögliche Lösung entwickelt hatten. Da im System eine solche Lösung zwischen den unterschiedlichen Gremien – außer einem zu erarbeitenden Konsens der Partner – nicht angeboten wird, entstehen mancherorts tiefgreifende Brüche. Gute KollegInnen verlassen die Schule, ein Vorstand aus mehreren Personen tritt zurück, Spaltungen innerhalb des Kollegiums entstehen bis dahin, dass Einzelne nicht mehr miteinander sprechen, jegliche Initiative untergraben wird oder die spirituelle Substanzbildung aus dem Schatz der Anthroposophie völlig unterbleibt.

Das Ergebnis ist dann mancherorts, dass sich KollegInnen nur noch auf ihren Unterricht konzentrieren, die Selbstverwaltung als leidiges, energiezehrendes Unterfangen erlebt wird, dem man sich möglichst entzieht, und die weitere Schulentwicklung im Hinblick auf die Ausbildung eines strategischen Zukunftsprofils unterbleibt. Einige treue Kräfte halten die Organisation auf kleiner Flamme am Leben. Viel Resignation macht sich breit und es entsteht eine unterkühlte

Kultur, bei der sich viele Beteiligte in einer inneren Rückzugsbewegung befinden. Gemeinsame Arbeit an den Grundlagen der Waldorfpädagogik oder die Arbeit mit differenzierten Kinderbildern finden dann nur noch selten statt.

Von außen betrachtet erscheint es geradezu grotesk, dass sich die Beteiligten einer Waldorfschule, die lebendige Waldorfpädagogik verwirklichen wollen, aus einem lebendigen Prozess der Organisationsentwicklung oft ohnmächtig verabschieden.

Im Prozess der Strukturbildung entstehen informelle Rollen, die für die jeweiligen Personen einen stärkeren oder auch geringeren Einfluss auf die notwendigen Entscheidungen und übergreifenden Entwicklungen der Schule bedeuten.

Die Spannungen in der Organisation werden umso geringer ausfallen, je höher die Deckung der informellen Stärke einer Persönlichkeit ist mit den formal geregelten Aufgaben, Befugnissen und Verantwortlichkeiten. Aber im wirklichen Leben entstehen Spannungen:

- Spannungen zwischen LehrerInnen, die Waldorfpädagogik eher konservativ und traditionell interpretieren, und LehrerInnen, die initiativ und experimentell Unterricht gestalten wollen.
- Spannungen zwischen Personen, die tiefe, umfangreiche Kenntnisse in der Anthroposophie vorweisen können, und Personen, die eher alternative, reformpädagogische Ansätze in die Schule tragen wollen.
- Spannungen zwischen Eltern, die in erster Linie das Wohl ihres eigenen Kindes im Blick haben (beispielsweise mit dem Impuls einer integrativen Schule) und einem Kollegium, das für die weitere Zukunftsentwicklung der gesamten Schule mitverantwortlich ist.

- Spannungen über größere Investitionen und Richtungsentscheidungen der wachsenden Schule, zum Beispiel im Hinblick auf die Ausrichtung einer Oberstufe.
- Spannungen in der Personalpolitik bezüglich der Einstellungen und Trennungen insbesondere von LehrerInnen innerhalb des Kollegiums oder aber auch Gruppen aus der ganzen Schulgemeinschaft.

Friedrich Glasl hat dazu pathologische Phänomene im Sinne fixierter Rollenmuster beschrieben: „Sanatorium", „Burg", „Kreuzritter", „Theater" (siehe Glasl, F.: *Konfliktmanagement,* Stuttgart 2017).

Die Frage der Führung

Jede Organisation braucht Führung. Führung im kulturellen System heißt, sich auf ein gemeinsames Werte- und Zukunftskonzept zu einigen, Führung im sozialen System heißt, Spielregeln der Zusammenarbeit, Kommunikation, Spannungsbewältigung zu etablieren, Führung im operativen System heißt, den Organisationszweck auf möglichst reibungslose Art und Weise zu verwirklichen und im Bewältigen des Alltagsgeschäfts immer erfolgreicher zu werden.

Die Funktion der Führung ist eine Dienstleistung am System und kann von Personen oder Gruppen übernommen werden. Sie muss ausgestattet sein mit Gestaltungsmacht.

Im Umfeld der Waldorfschule sind die Begriffe Führung und Macht eher negativ besetzt. Führung wird schnell interpretiert im Sinne einer übergriffigen Hierarchie, Macht als ungewünschte Manipulationsmacht, die die Freiheit im System einschränkt.

Im Rahmen einer Arbeit mit zehn BeraterInnen mit dem Fokus Entwicklungsberatung an Waldorfschulen aus der Akademie für Entwicklungsbegleitung sind die folgenden Leitsätze für Führung und Zusammenarbeit entstanden, die Grundlage sein können für ein konstruktives Verständnis von Führung.

Leitsätze für Führung und Zusammenarbeit an Waldorfschulen

- Führung entwickelt ein Zukunftsbild der Waldorfpädagogik und der Schule und sorgt für dessen Umsetzung im Unterricht (Kernprozess) und allen anderen Prozessen.
- Führung nimmt die IST-Situation wahr, erkennt aus einem Gesamtbewusstsein, was nötig ist, und fühlt sich dem Notwendigen verpflichtet. Eventuelle Konfliktpotenziale werden thematisiert, bestehende Konflikte aktiv bearbeitet.
- Führung fördert Gemeinschaftsbildung.
- Führung erfolgt in Liebe zur Sache und zu den Menschen – empathisch und konfrontationsfähig. Führung trägt moralische, rechtliche und faktische Verantwortung.
- Führung initiiert und sichert bewusst gestaltete Prozesse der Willensbildung, Entscheidung, Rechenschaft und Korrektur. Führung darf Fehler machen, steht dafür ein und lernt daraus.
- Verantwortungsträger entscheiden. Ihre Entscheidungen finden Akzeptanz und Unterstützung durch die Führung und durch die Gemeinschaft.
- Funktionen werden nach Fähigkeiten vergeben. Die Grundlage dafür sind transparente Kriterien.
- Führung setzt dem Egoismus Grenzen. Grenzüberschreitungen haben Konsequenzen.
- Leistung wird gefördert, gewürdigt und vergütet.
- Brüderlichkeit und gegenseitige Hilfe entstehen aus persönlicher Initiative.

Wie kann in einer Waldorfschule eine Funktion von Führung gestaltet sein, ohne die kritischen Vorbehalte zu bedienen? Dabei ist zwischen den Anforderungen an die Funktion der Führung und den Anforderungen an die Personen in Führung zu unterscheiden. Die Funktion der

Führung kann durch eine differenzierte Funktionsbeschreibung im Hinblick auf ihre Aufgaben, Befugnisse und Verantwortlichkeiten dokumentiert werden. Die Amtsperiode, die Feedbackmöglichkeiten aus dem System, die Transparenz der jeweiligen Entscheidungsprozesse und die offene Kommunikation können durch passende Instrumente und Methoden verankert werden.

Um die beschriebenen Anforderungen erfüllen zu können, wäre zu regeln, dass in der Führungsstruktur Verantwortlichkeit und Entscheidungsvermögen in einer Hand liegen. Es ist komplex, wenn von einem Organ Entscheidungen getroffen werden und ein anderes Organ aufgefordert ist, diese Entscheidungen verantwortlich umzusetzen. Hier wird unmittelbar deutlich, dass die Dualität zweier Führungsorgane, wie Vorstand und Interne Konferenz nebeneinander, ein hohes Konfliktpotenzial generieren. Wenn in einem der beiden Organe Entscheidungen gefällt werden, die von dem anderen Organ verantwortlich umgesetzt werden, kommt es oft zu Spannungssituationen, da nicht allen Persönlichkeiten der Sinn und der jeweilige Entscheidungsprozess verständlich kommuniziert werden können. Wenn aber die Sinnhaftigkeit einer Entscheidung angezweifelt wird, steht die Willensbildung für die Umsetzung infrage.

Die vermeintliche Unterscheidung zwischen der De-facto-Gestaltungsverantwortung und der rechtlich wirtschaftlichen Verantwortung erweist sich bei näherem Hinsehen als Irrtum. In einer Waldorfschule gibt es aus meiner Sicht keine Entscheidung, die nur rechtlich wirtschaftliche oder nur pädagogisch gestaltende Bedeutung hat. Alles hängt mit allem zusammen. Steht beispielsweise eine größere Investitionsentscheidung an, wird sie Auswirkungen auf die Möglichkeiten der LehrerInnenstellen haben und damit auf den pädagogischen Bereich. Werden aus pädagogischen Überlegungen die Klassengrößen verändert, so hat das unmittelbare Auswirkungen auf den wirtschaftlichen Haushalt.

Ein Führungsorgan ist umso effektiver, je kleiner es ist. Die Höhe der subjektiv erlebten Verantwortlichkeit nimmt mit einer wachsenden Gruppe deutlich ab. Das Problem der Diffusion von Verantwortung in größeren Gruppen ist wissenschaftlich belegt.

Diffusion von Verantwortung

- „Mit zunehmender Personenzahl in einer Gruppe sinkt das Verantwortungsgefühl des Einzelnen für die Erledigung einer Aufgabe, d.h., die Verantwortung „diffundiert"/verteilt sich über die Gruppenmitglieder (bystander Effekt)" (Werth & Mayer, 2008, S. 565).
- In Zuschauergruppen bei Notfällen kann die soziale Hemmung des Hilfsverhaltens durch ein vermindertes Verantwortungsgefühl unter den Zuschauern hervorgerufen werden" (Stroebe, Jonas & Hewstone (Hrsg.), 2002, S. 338).
- „Wenn Verantwortung für ein mögliches Eingreifen auf mehrere Personen verteilt werden kann, reduziert sich die empfundene eigene Verantwortung" (Bierhoff, 2006, S. 115).
- Darley und Latanè (1968) schlagen die Hypothese der Verschiebung der Verantwortung vor, nach der sich keiner der Zuschauenden verantwortlich fühlt, wenn viele Leute präsent sind. Jeder nimmt an, der andere werde schon eingreifen, etwas der Situation angemessenes tun und helfen (vgl. Güttler, 1996, S. 24).

Literatur

Bierhoff, H. W. (2006). Sozialpsychologie. Stuttgart: W. Kohlhammer Druckerei GmbH + Co. KG.
Güttler, P.O. (1996). Sozialpsychologie. München: R. Oldenburger Verlag GmbH.
Stroebe, W., Jonas, K. & Hewstone (Hrsg.), M. (2002). Sozialpsychologie. Berlin Heidelberg: Springer Verlag.
Werth, L. & Mayer, J. (2008). Sozialpsychologie. Berlin Heidelberg: Springer Verlag.

Ich möchte der Sorge vorbeugen, dass durch eine Führungsfunktion die weiteren Mitglieder im System von Entscheidungsprozessen ausgeschlossen werden könnten, und dazu ausführen: Um mit einer Entscheidung zufrieden leben zu können, muss ich mich als Betroffener qualifiziert äußern und die Entscheidung aus meinem Blickwinkel sinnvoll verstehen können – aber nicht unbedingt mitentschieden haben.

Ein qualifizierter, transparenter, offener Entscheidungsprozess, bei dem es Phasen gibt, in denen alle Betroffenen an der Bildgestalt und Urteilsbildung beteiligt sein können, ist notwendig. Die Entscheidung kann aber ohne ein defizitäres Erlebnis in einem Führungsorgan fallen. In den allermeisten Situationen ist eine größere Gruppe von Menschen sogar dankbar, wenn nach der ausführlichen Besprechung verschiedener alternativer Lösungsmöglichkeiten und einer breiten Urteilsbildung anhand von Kriterien, die Entscheidung dann in einer kleinen Gruppe im Sinne einer Dienstleistung gefällt werden kann. Wichtig ist die anschließende Erläuterung, warum eine Entscheidung genau so getroffen wurde und welcher Sinn dahinter steht.

Es erscheint wesentlich, dass die Personen in einer Führungsfunktion im System als moralisch integer und im Sinne der Führung des gesamten Schulsystems – mit dem höchsten Ziel Waldorfpädagogik zu realisieren – als kompetent erlebt werden. Weiter ist ihre Bereitschaft wichtig, Verantwortung zu übernehmen und das mittelständische Unternehmen Waldorfschule mit unternehmerischem Geschick in die Zukunft zu führen.

Damit wird deutlich, dass es ein Verfahren braucht, das genau diese beiden Qualitäten sicherstellt und vielen Menschen die Möglichkeit gibt, ihre Zustimmung zur Besetzung des zentralen Führungsorgans zu geben. Im weiteren Verlauf meiner Ausführungen werde ich die Methodik des „Stühle-Rückens“ darstellen, die sich genau dafür bestens bewährt hat.

Das Erbe Rudolf Steiners

...
Gedankenwirksamkeit eine uns,
Da wir im Raum getrennt sein müssen.
Was wir schon gemeinsam vollbracht,
Es krafte jetzt durch die Lehrerschaft.
Es ziehe seine Kreise durch Ihren Eigenrat,
Da jener Rat, der so gerne käme,
Die Schwingen frei nicht hat.
...

Steiner, R.: *Brief an die Lehrkräfte der Freien Waldorfschule in Stuttgart,* 15. März 1925, GA 269, Seite 163

Rudolf Steiner hat die erste Waldorfschule aus seiner Intuition initiiert und geführt. In seinen letzten Lebensstunden hat er die Verantwortung an den Eigenrat der Lehrerschaft übertragen. Vielfach wird diese Übertragung so verstanden, dass die Interne Konferenz als Ganzes in seiner Nachfolge steht. Ob dies nur im Sinne eines spirituellen Zentrums oder auch als funktionale Führung zu verstehen ist, kann nur offen bleiben.

Rudolf Steiner. Aufsätze über die Dreigliederung des sozialen Organismus und zur Zeitlage 1915 – 1921. Dornach 1961. GA 24.

Als weitere Quellen zu seinen Vorstellungen über eine Führungsfunktion – hier übernommen aus seinen Gedanken zu einem dreigliedrigen Staatsorganismus – können angeführt werden:

Seite 219: *„Niemand sollte den Glauben haben, dass durch irgendeine soziale Einrichtung das entstehen könne, was er sich vielleicht als einen ‚Idealzustand' vorstellt. Was erreicht werden kann, ist der* ***lebensfähige gesunde soziale Organismus****. Was darüber hinausgeht, müssen die Menschen durch anderes finden als durch die soziale Gestaltung. Die Aufgabe dieser Gestaltung kann nicht darin liegen, das ‚Glück' zu begründen, sondern die Lebensbedingungen des gesunden sozialen Organismus zu finden. In einem solchen aber müssen die Menschen das suchen können, was sie zu einem menschenwürdigen Dasein nötig finden. Auch der natürliche gesunde Organismus schafft von sich aus nicht, was die Seele an innerer Kultur entfalten muss; ein kranker natürlicher Organismus verhindert sie daran. Und ein gesunder sozialer Organismus kann nur die Voraussetzungen schaffen für dasjenige, was die Menschen in ihm durch ihre individuellen Fähigkeiten und Bedürfnisse entwickeln wollen."*

Vgl. Seite 218: ***Der Zusammenschluss der drei Glieder durch eine Gesamtkörperschaft****, die aus den Delegierten der drei Zentralverwaltungen und Zentralvertretungen sich ergibt, wird die denkbar größte Gewähr dafür bieten, dass nicht das eine Gebiet durch das andere dominiert werde. „Denn diese Zentralverwaltungen und Zentralvertretungen werden zu rechnen haben mit dem, was sich in ihren Gebieten auf Grund sachlicher Maßnahmen ergibt. Sie werden nicht in die Lage kommen, zum Beispiel das Rechts- oder das Geistesleben von dem Wirtschaftsleben unberechtigt beeinflussen zu lassen, denn sie setzten sich dadurch in Widerspruch mit dem, was sach-*

gemäß in jedem einzelnen Gebiete unabhängig von dem andern sich vollzieht. Ist eine Einflussnahme des einen Gebietes auf das andere nötig, so wird die sachliche Grundlage dazu nicht im Interessenkreise einer Gruppe, sondern nur in dem des ganzen Gebietes liegen können.“

Was bedeutet das?

Rudolf Steiner führt aus, dass es keine Struktur in einem sozialen Organismus gibt, die per se einen Idealzustand generiert. Das organische Entwicklungsprinzip, das die ganze Anthroposophie und Waldorfpädagogik durchzieht, gilt auch hier: Angemessene Strukturen werden sich entwickeln und sich in einem Prozess mehr und mehr herausschälen.

Es ist durchaus sinnvoll, ein übergeordnetes Organ zu schaffen, das die Führung und Koordination des ganzen Systems unter Wahrung der spezifischen Bedarfe und Interessen der jeweiligen Einzelgebiete übernimmt.

Das Ressort-Modell

Entstehungsgeschichte

Die Grundkonzeption des Modells ist entstanden im Rahmen der Konfliktbearbeitung einer mehrzügigen, großen deutschen Waldorfschule mit einem Kreis von zwölf Persönlichkeiten im Jahre 2009.

In der Phase der Lösungssuche für eine Neugestaltung der Funktionen geschieht eine überraschende Wendung: Als strukturbildendes Prinzip werden die Aufgabenbereiche einer Organisation gewählt und nicht mehr – wie bisher – die unterschiedlichen Organe Vorstand, Konferenzen, Eltern-Lehrer-Rat usw.

Seitdem ist das Modell in abgewandelter Form für die jeweilige Situation in verschiedenen Schulen eingeführt worden. Die Grundkonzeption wurde vielfach durchdacht, weiterentwickelt und konkretisiert.

Grundsätzliches

Eine lebendige, gesundende Pädagogik für SchülerInnen zu bieten, ist das große Ziel einer Waldorfschule. Damit hat ein Führungsorgan die große Aufgabe, eine individualisierte Konzeption von Waldorfpädagogik an einem Ort zu verwirklichen. Neben der zielorientierten Realisierung des Schulalltags ist Anspruch, ausreichend Raum für anthroposophische Substanzbildung und gemeinsames Lernen/Reflektieren der waldorfpädagogischen Ansätze zu schaffen. Eine lebendige Schulführung ist dann erfolgreich, wenn sie Boden ist für lebendige Prozesse im Schulorganismus.

- Führung ist möglich aus einem Entscheidungszentrum von Bewusstsein, Sozialkompetenz und Verantwortlichkeit.
- De-jure- und De-facto-Verantwortung liegen in einer Hand.
- Entscheidungsgewalt und Realisierungsverantwortung gehören zusammen.
- Teamorientierung und effiziente Zusammenarbeit sind qualitative Eckpunkte.
- Partizipative Prozesse und gute Kommunikation schaffen die notwendige Verbindung ins System.
- Die Selbstverwaltung ist so gestaltet, dass die KollegInnen Raum und Zeit haben, sich selbst zu kräftigen, hochwertigen Unterricht vorzubereiten und durchzuführen.

Die Schulführung

Organisation + Pädagogik	Zukunftsentwicklung
Personal	Wirtschaft + Finanzen

Die Schulführung arbeitet sowohl als Ganzes und auch in vier Ressorts. Jedes Mitglied der Schulführung ist einem Ressort zugeordnet und trägt Ressortverantwortung und gleichzeitig Gesamtverantwortung.

Es gibt nur dieses eine Führungsgremium. Aus diesem Organ wird die Schule pädagogisch gestaltet und rechtlich-wirtschaftlich geführt. Grundsätzlich werden hier alle Entscheidungen gefällt. Es sei denn, im Rahmen einer Delegation wird begrenzte Entscheidungsbefugnis vereinbart.

Möglichst alle Mitglieder der Schulführung sind gleichzeitig Vorstand im Verein. Vorstandsarbeit bedeutet dann, die Mitgliederversammlung vorzubereiten, durchzuführen und zu protokollieren. Darüber hinaus findet keine Vorstandsarbeit statt.

Die Schulführung ist ein Mandat. Sie kann ihrerseits verschiedene Delegationen erteilen.

Mandat und Delegation

Beide Konzepte ermöglichen selbstständiges und selbstverantwortliches Handeln von Personen oder Gruppen durch das Übertragen von Aufgaben oder Aufgabengebieten, Kompetenzen, Entscheidungsbefugnissen und Verantwortlichkeit.

Mit einem Mandat werden Führungs- beziehungsweise Entscheidungsverantwortung und Handlungsverantwortung auf Zeit an eine Person oder Gruppe übertragen. Die MandatsträgerInnen sind nur im Ausnahmefall (Misstrauensvotum) ihres Amtes zu entheben. Grundlage einer Mandatierung ist die Bereitschaft zu hohem Vertrauen in die Kompetenz und Verlässlichkeit der betreffenden Personen.

Für das gute Gelingen eines Mandates besteht die Notwendigkeit umfassender Rückmeldung (beispielsweise einmal jährlich) und objektiver Kontrollmöglichkeit der Erfolge und/oder Misserfolge von Entscheidungen und Handlungen anhand definierter Kriterien. Am Ende einer Amtsperiode findet eine Evaluation vor einer zu bestimmenden Öffentlichkeit statt. Ein Mandat schafft die größtmögliche Freiheit und Unabhängigkeit bei der Verwirklichung wesentlicher Aufgaben.

Ganz anders bei einer Delegation: Hier wird zwar eine begrenzte Entscheidungsbefugnis und Handlungsverantwortung an die Delegierten übertragen, eine ständige Führungs- und Ergebnisverantwortung bleibt aber bei der übertragenden Funktion. Damit stehen hier beide Funktionen in einer partnerschaftlichen Verantwortung.

Das Ressort Organisation + Pädagogik

Im Ressort Organisation + Pädagogik wird der gesamte pädagogische Alltagsbetrieb der Schule verantwortet. Hier gilt es all das zu bedenken, was sich gerade in der Schule abspielt, was als Nächstes zu erwarten ist, welche Fragestellungen sich stellen und wie mit ihnen umgegangen wird.

Viele Details des Schulbetriebs sind zu beachten und zu organisieren. Einige der Themen können an Untergruppen delegiert werden. Dabei ist aber wesentlich, dass die wichtigsten Informationen zurück an das Ressort fließen und die Arbeit mit Blick auf das Ganze stattfinden kann.

In diesem Ressort sind in besonderer Weise Führungsqualitäten gefordert, die da wären: umfassendes Wissen über den Schulbetrieb einer Waldorfschule, Organisationstalent, strukturiertes Denken, Tat- und Entschlusskraft, Kommunikationsfähigkeit, methodisches Wissen für ein konstruktives, strukturiertes Vorgehen, Kenntnisse des sinnvollen und hilfreichen Einsatzes von Computern, ... dazu eine überzeugende Verankerung in der Waldorfpädagogik als Grundlage, insbesondere in der Art der „Kultur des praktischen Denkens“ wie von Rudolf Steiner ausgeführt.

Profil: Ressort Organisation + Pädagogik

- verschafft sich und behält den Überblick über die aktuelle Schulsituation,
- organisiert und verantwortet den pädagogischen Alltagsbetrieb (Aufnahme von SchülerInnen, Schülerbefreiungen, Kündigungen von Schulverträgen, Planung Pausenaufsichten, Zeugnisse ...),
- koordiniert alle Schultermine, z. B. Monatsfeiern, Feste, Schulveranstaltungen,
- ist erster Ansprechpartner für Eltern, LehrerInnen und SchülerInnen, sowie für alle Anfragen von außerhalb der Schulgemeinschaft – leitet die Anfragen ggf. an die Zuständigen weiter,
- vertritt die Schule in pädagogischen und schulrechtlichen Angelegenheiten nach außen, insbesondere gegenüber den staatlichen Schulbehörden hinsichtlich der Genehmigungen,
- organisiert und verantwortet die verschiedenen Schulabschlüsse,
- übernimmt Prozessverantwortung zur Bestimmung der Delegierten für LAG und Bund der FWS,
- verantwortet, organisiert (delegiert) Konferenzgestalt und Konferenzleitungen,
- vernetzt Konferenzvorbereitung und/oder -leitung und Fachschaften (Pädagogische, Technische und Stufenkonferenzen),
- achtet auf die pädagogische Qualität und die Verankerung im Schulgeschehen (inklusive einer Schulordnung).
- Eine Ressortverantwortliche ist auch nach außen benannte SchulleiterIn (kann delegiert werden).

Das Ressort Personal

Im Ressort Personal liegt die Verantwortung, den heutigen und zukünftigen qualitativen und quantitativen Personalbedarf für eine gute Waldorfschule zu decken. Das bedeutet für die Kollegiumsmitglieder, eine entwicklungsorientierte Personalführung zu etablieren. Dazu gehören regelmäßige MitarbeiterInnengespräche mit einer Standortbestimmung im Dialog und der Wahrnehmung der Fürsorgepflicht von Arbeitgeberseite. Weiter können jährlich Entwicklungsgespräche geführt und die Weiterbildung aller impulsiert werden. Außerdem ist Aufgabe das Gewinnen und qualifizierte Einarbeiten von MitarbeiterInnen.

Ein großes und wichtiges Feld ist das aktive Konfliktmanagement im System. Das Ressort fungiert als Wahrnehmungsorgan und Ansprechstelle und hat die Verantwortung, Spannungsfelder und eskalierte Konfliktsituationen aus eigenem Impuls zu bearbeiten. Hier kann weiter ein Kompetenzzentrum entstehen, um auch in der Schülerschaft Methoden der selbstorganisierten Konfliktbewältigung zu etablieren.

Persönlichkeiten, die im Ressort Personalentwicklung Verantwortung übernehmen, erscheinen geeignet, wenn sie als kommunikationskompetent, unabhängig, integrationsfähig, vertrauenswürdig und entscheidungsfähig erlebt werden. Wünschenswert weiter wären Moderationskompetenz, Mediationskompetenz und Kenntnisse im Arbeitsrecht.

Profil: Ressort Personal

1. **Täglichen Personaleinsatz sicherstellen:** Deputate planen im Rahmen der Arbeitsverträge, Stundenplan erstellen, Vertretungen planen, längerfristige Vertretungen im Krankheitsfall organisieren, Karenzvertretungen, Wahrnehmen der Anwesenheiten
2. **Strategischen Personalbedarf planen:** Fünf-Jahres-Vorausschau über qualitativen und quantitativen Personalbedarf auf der Grundlage des strategischen Zukunftsprofils der Schule
3. **Gewinnen von MitarbeiterInnen:** Auftritt als attraktiver Arbeitgeber, Kontakt zu den Seminaren, Hochschulen, anderen Schulen, Inserate, Praktikanten betreuen
4. **Einführen von MitarbeiterInnen:** MitarbeiterInnen einstellen, Probearbeitsverhältnisse betreuen, Mentorenschaften organisieren, Mentorenweiterbildung
5. **Personalführung, Personalfürsorge, Personalbetreuung, Potenziale erkennen, beurteilen, fördern:** Durchführen der MitarbeiterInnen-Gespräche und der MitarbeiterInnen-Entwicklungsgespräche, Hospitationen organisieren, Vermitteln von Supervision/Coaching, betriebliche Gesundheitsvorsorge, Arbeitszeugnisse erstellen
6. **Organisieren von Lernen und Qualifizieren:** Interne Prozesse der Kollegiumsentwicklung initiieren, Aus- und Weiterbildungen initiieren und organisieren – auch vor Ort, Fachgruppentreffen veranlassen
7. **Gestalten und pflegen des Austretens aus der Organisation:** betriebliche Altersvorsorge, Alumni-Netzwerk ausgeschiedener LehrerInnen
8. **Konfliktfelder identifizieren und für Lösungen sorgen:** Wahrnehmungsorgan und Anlaufpunkt für Spannungen und Konflikte von KollegInnen, Eltern und SchülerInnen, angemessene Bearbeitungsprozesse ergreifen oder initiieren, Identifizieren von Verletzung der Dienstpflicht, Vorbereiten von arbeitsrechtlichen Maßnahmen zum Entscheid in der Gesamtschulführung

Das Ressort Wirtschaft + Finanzen

Im Ressort Wirtschaft + Finanzen liegt die Verantwortung für die wirtschaftlich-rechtlichen Verhältnisse der Schule. Meist sind hier auch die Führung des Schulbüros, die Hausmeisterei, die Küche und die Reinigung angesiedelt.

Die Sorgfalt für Gebäude und Liegenschaften mit allen notwendigen Reparaturen und der Pflege der baulichen Substanz gehören ebenfalls hierher.
Weiter gehört die Personalverwaltung dazu. Die Gehaltsordnung wird in den Gehaltsabrechnungen verwirklicht.

Persönlichkeiten, die in diesem Ressort Verantwortung übernehmen, erscheinen geeignet, wenn sie über betriebswirtschaftliche Kenntnisse verfügen, Motivations- und Managementfähigkeit besitzen und zukunftsorientiert denken können (Strategische Haushaltsplanung). Ihre Fachkompetenz und ihre Akzeptanz im System ist besonders wichtig im Hinblick auf ihre Position in den Elternbeitragsgesprächen.

Profil: Ressort Wirtschaft + Finanzen

- Schulbüro: erster Ansprechpartner für verschiedenste Fragestellungen
- Managen von Hausmeisterei, Küche, Reinigung
- Leiten der Schulverwaltung, Verwaltungs-EDV, Effiziente Verwaltung
- Lohn- und Gehaltsabrechnung, Gesamtdeputat (Etat), Altersvorsorge
- Personalverwaltung, Arbeitsverträge, Dokumentation, Elternzeit, Altersteilzeit
- Strategische Budget- und Haushaltsplanung 3-5 Jahre im Voraus
- Liquiditätsberechnung, Budget, Haushalt, Buchhaltung, Jahresabschluss
- Elternbeiträge, Zuschüsse, Spenden, Fördermittel
- Controlling, Entwicklung von Kennzahlen
- Regelungen mit Banken, Versicherungen, Rechtssicherheit, Datenschutz
- Steuern, Steuerberatung
- Gebäude und Liegenschaften: Reparaturen, Sanierung, Brandschutz, Baumaßnahmen, Vermietung
- Sponsorenbetreuung, Organisation der ehrenamtlichen Elternmitarbeit
- Etatverwaltung der Delegationen und Arbeitsbereiche
- Gehaltsordnung
- Arbeitssicherheit

One Page-Management

DATEN

Anzahl SchülerInnen
Durchschn. Anzahl SchülerInnen/Klasse

Anzahl LehrerInnendeputate (Voll-, Teil-)
zzgl. Honorarkräfte (Religionslehrer ...)
zzgl. Büro, Hausmeister

Relation SchülerIn/LehrerIn

Anzahl Zählfamilien
Anzahl Familien mit SchülerInnen

IST-Durchschn. Elternbeitrag/Zählfamilie
IST-Durchschn. Elternbeitrag/SchülerIn

Durchschn. Ist-Lehrergehalt brutto je Volldeputat
Durchschn. Ist-Wohngeldzuschuss je Volldeputat

ERTRÄGE in Euro

Zuschüsse Land
Zuschüsse Stadt
Zuschüsse Sonstige
Jährlicher Elternbeitrag I
Jährlicher Elternbeitrag II
Spenden
Sonstige Erträge

SUMME ERTRÄGE

ERTRAG/ZÄHLFAMILIE
ERTRAG/SCHÜLERIn

AUFWENDUNGEN in Euro

Ist-LehrerInnen-Personalkosten brutto
zusätzl. Arbeitgeberanteil
Wohnungs- und Sonst. -Fond
Altersfond

Büro, Hausmeister, Schularzt, Verwaltung brutto
Honorarkräfte
zusätzl. Arbeitgeberanteil
Wohnungs- und Sonst. -Fond
Altersfond

Fortbildung
Beitrag Bund der FWS
lfd. Sachaufwand
Gebäude, Unterhalt, Energie
Beiträge, Versicherungen ...
Ausstattung Schule
Fremdkapitalzinsen
Sonstige Aufwendungen

SUMME AUFWENDUNGEN

AUFWAND/ZÄHLFAMILIE
AUFWAND/SCHÜLERIn

JAHRESÜBERSCHUSS/DEFIZIT

IST-Lücke mtl. je Zählfamilie
IST-Lücke mtl. je SchülerIn

Gesamtbeitrag je Zählfamilie bei Ausgleich

IST-Baubeitrag

Das Ressort Zukunftsentwicklung

Das Ressort Zukunftsentwicklung übernimmt die Verantwortung für das Impulsieren und Durchführen eines Prozesses der Zukunftsentwicklung in der gesamten Schule in allen verschiedenen Ebenen. Orientierung kann das Erstellen eines Schulprofils geben und etwa eine jährlich durchzuführende Zukunftskonferenz.

Weiter gehören dazu alle Innovationen im Unterricht inklusive der Qualitätssicherung und der Evaluierungsprozesse, die Innovationen in der sozialen Gestalt der Schule, die Weiterentwicklung der Vernetzung innerhalb und außerhalb der relevanten Personengruppen.

Persönlichkeiten, die in diesem Ressort Verantwortung übernehmen, erscheinen geeignet, wenn sie über Fähigkeiten verfügen wie: Kreativität, Visionsfähigkeit, Teamfähigkeit, Integrationsfähigkeit, Kommunikationsfähigkeit ...

Für die Außendarstellung im Sinne der strategischen Positionierung der Schule in ihrem Umfeld sind Kenntnisse im Journalismus oder im Marketing hilfreich.

Profil: Ressort Zukunftsentwicklung

- Innovationen im Unterricht fördern, neue Methoden einführen, Veränderungen gestalten, einführen
- Organisieren und Durchführen von Elternsprechtagen, schulübergreifenden Veranstaltungen
- Eine jährliche Zukunftskonferenz für die Schulgemeinschaft unter einem Thema initiieren
- Teilnahme an Wettbewerben und geförderten Projekten unterstützen
- Publikation von Fachartikeln zum Thema innovative Lernkonzepte und innovative Schulorganisationsformen anregen und unterstützen
- Leitbild überarbeiten und Schulprofil schärfen, Strategisches Zukunftsprofil in 3 Jahren entwickeln
- Schulabschlüsse weiterentwickeln (Waldorfabschluss, Abitur, Mittlere Reife, Lehre, Hauptschulabschluss)
- Qualitätsentwicklung etablieren, Evaluierung ausbauen
- Elternratsprofil schärfen, Schülerrat aufbauen, Rat der Weisen etablieren
- Konzeption und Umgehen mit neuen Medien
- Vernetzung Kindergarten
- Marketing im lokalen öffentlichen Raum und in der Waldorfszene
- Vernetzung, Kooperationen mit anderen FWS, lokalen Schulen, Ausland
- Kontakte zu relevanten außerschulischen Partnern aufrechterhalten und ausbauen (andere anthroposophische Einrichtungen, Praktikumsstellen, Partnerschulen …)
- Aufbauen von berufsbegleitenden pädagogischen Aus- und Weiterbildungen

Delegationen

Die Arbeit in den Ressorts ist vielfältig und komplex. Nicht alles kann inhaltlich von den Verantwortlichen übernommen und erfüllt werden. Hierfür sind Delegationen möglich, für deren Kontrakt klar definierte Aufgaben, Befugnisse und Verantwortlichkeiten zu erarbeiten sind.

Jede Delegation bleibt einem Ressort zugeordnet, mit dem es in enger Verbindung steht. Nur so ist gewährleistet, dass alle Entscheidungen in der Schule aus einem übergeordneten Bewusstsein und zum Nutzen des Gesamtsystems getroffen werden können.

Grundsätzlich verstehen sich die Delegationen als vorbereitende, zuarbeitende Einheiten, als Entscheidungsvorbereiter, Fachexperten, Umsetzungsbegleiter …

Delegationen der Ressorts – Beispiele

Organisation + Pädagogik

Konferenzvorbereitung
Neuaufnahme 1. Kl.
Neuaufnahme quer
Förderkreis
Jahresarbeiten
Schülerbibliothek

Zukunftsentwicklung

Veranstaltungskreis
Zukunftskonferenz
Arbeitskreis Anthroposophie
Berufsbegl. Weiterbildung
Schülermitverwaltung
Elternbeirat
Elternschule
Vernetzung Kindergarten
Öffentlichkeitsarbeit
Lokale Vernetzung
Basarkreis
Gartenkreis
Kooperationsschulen
Rat der Weisen
Qualitätsentwicklung
Schulforum

Personal

Vertretungen
Stundenplan
Bewerbungen
Einstellungen
Deputatskreis
MitarbeiterInnengespräche
Entwicklungsgespräche
Intervisionen
Beurteilungen, Zeugnisse
Hospitationen
Mentoring Konzept
Patenschaften
Alumni LehrerInnen
Alumni SchülerInnen
Vertrauenskreis
Schlichtungskreis

Wirtschaft + Finanzen

Spendenkreis
Baukreis
Elternbeitragskreis
Küchenkreis
Hauspflege und Erhaltung

Checkliste Delegation: Aufgaben, Befugnisse, Verantwortung

Datum	Vergabe für Zeitraum	Abschluss-Ereignis
Übergeordnete Zielsetzung	Ressortzuständigkeit Motive für Vergabe der Delegation	Delegierte Motive zur Übernahme der Delegation
	Erwartungen an Delegation	Erwartungen an Ressort
Aufgaben	**Befugnisse**	**Verantwortung**
Konkretes Vorgehen Fähigkeiten Zeitressourcen	Entscheidungsfreiheit mit folgenden Bedingungen, Kriterien Grenze der Entscheidungsfreiheit	Ziele/Ergebnisse Messkriterien
Mögliche Hindernisse	Risiken für die Organisation und die Beteiligten	Rückblick und Auswertung

Effektives Arbeiten in der Schulführung

Schulführung-Gesamt und Ressorts

Um die Arbeit in der Schulführung-Gesamt innerhalb der Ressorts und in ihrem Zusammenspiel möglichst effizient zu gestalten, können die unterschiedlichen Einheiten, beispielsweise montags von 18.00 bis 19.30 Uhr, parallel in getrennten Räumen ihre spezifischen Themen erarbeiten. So ist es möglich, Fragen, die mehrere Ressorts gleichzeitig betreffen, durch schnellen kurzen Austausch ohne weitere Verabredung zu behandeln.

In der daran anschließenden gemeinsamen Schulführung um 20.00 Uhr geben sich die Ressorts dann einen kurzen Überblick über ihre Arbeit und können so die Themen, die in gemeinsamer Verantwortung liegen, voranbringen.

Jedes Ressort erstellt für sich eine Geschäftsordnung, in der die Funktion, d. h. Aufgaben, Befugnisse, Verantwortlichkeiten, beschrieben sind. Die Freigabe der Geschäftsordnungen der Ressorts sollte nach differenzierter Abstimmung in der Schulführung-Gesamt einvernehmlich erfolgen.

Weiter ist zu klären, mit welchen Mehrheiten im jeweiligen Ressort und auch in der Schulführung-Gesamt entschieden wird.

Geschäftsordnung je Ressort

Ziele des Ressorts
Arbeitsfelder, Aufgaben, Verantwortlichkeiten
Befugnisse
Wünschenswerte Fähigkeiten der Mitglieder
Zusammenarbeit mit anderen Ressorts
Arbeitsweise im Ressort
Welche Entscheidungen mit welchen Mehrheiten im Ressort
Welche Entscheidungen mit welchen Mehrheiten in der Gesamtschulführung
Zugeordnete Delegationen
Berichte in der Beratungskonferenz: Wer? Wie oft?
Aufgabenverteilung im Ressort

Falls, wie im weiteren Prozess dargestellt, ein Ressort mit zwei Personen besetzt ist, wird eine Entscheidung sinnvoll möglich, wenn Konsens herrscht. Falls keine Gemeinsamkeit unter den beiden Betroffenen erarbeitet werden kann, geht die Entscheidung automatisch in die Schulführung-Gesamt. Gehören drei oder mehr Personen zu einem Ressort, ist zu klären, ob eine Entscheidung gilt, wenn mehr als 50 Prozent, 66 Prozent, 75 Prozent oder eine andere Prozentregelung für einen Beschluss notwendig sind.

Vorschlag einer Regelung der notwendigen Mehrheiten

Für die Ressorts gilt, dass Entscheidungen bei Einmütigkeit (nur Ja-Stimmen oder Enthaltung) zustande kommen. Falls nicht, wird die offene Entscheidung an die Schulführung-Gesamt übergeben. Für sie gilt, dass Einmütigkeit (nur Ja-Stimmen oder Enthaltung) angestrebt wird, mindestens aber 66 Prozent der anwesenden Personen sich für eine Alternative aussprechen müssen. Bedingung hierfür ist, dass mindestens eine Person je Ressort anwesend ist.

Im Krisenfall einer notwendigen Entscheidung mit dem Ziel des Ausschlusses eines Mitgliedes der Schulführung-Gesamt gilt, dass alle Mitglieder der Schulführung-Gesamt anwesend sein müssen außer der betreffenden Person. Sie ist von der Sitzung ausgeschlossen. Eine Entscheidung kann getroffen werden, wenn sich mindestens 75 Prozent der Schulführung für eine Trennung aussprechen.

Im Falle der Nachbesetzung durch Rücktritt oder Ausfall eines Mitgliedes der Schulführung-Gesamt kann das aufwendige Verfahren der Neubesetzung nicht jedes Mal komplett neu stattfinden. Eine Lösung wäre, ein neues Mitglied auf Initiative der Schulführung-Gesamt durch mindestens 75 Prozent der weiterführenden Mitglieder zu kooptieren und dies in einer nächsten Mitgliederversammlung oder einem Schulforum zu bestätigen. Wird die ausgewählte Person auch das Amt des Vorstandes begleiten, wäre ebenfalls mit mindestens 75 Prozent der Stimmen des weiterführenden Vorstandes die Aufnahme zu beschließen und dies in einer nächsten Mitgliederversammlung mit einfacher Mehrheit zu bestätigen.

Transparent kommunizieren und zielorientiert entscheiden

Eine Kultur des Vertrauens kann nur entstehen, wenn die Menschen im gesamten Schulsystem Anteil nehmen können an den wichtigen richtungsweisenden Entscheidungen in einer Schulführung. Dafür ist breite Partizipation notwendig – zunächst all der Menschen, die im inneren Kreis der Schule tätig sind, dann weiter in der ganzen Schulöffentlichkeit.

Kontinuierliche Transparenz kann mit einem Themenbord der Schulführung geschaffen werden, das als Pinnwand in der Schule an zugänglicher Stelle aushängt (und natürlich immer auf aktuellem Stand sein müsste) oder im Internet/Intranet der Schule für eine große Öffentlichkeit zugänglich ist (Dropbox, Icloud, ...). Hier werden alle wesentlichen Fragestellungen, geordnet nach der zu erledigenden Aufgabe mit dem jeweilig nächsten Schritt, der zuständigen Ansprechperson und dem Status der Erledigung dargestellt.

Andererseits sind Anspruch und Herausforderung in einer gut geführten Waldorfschule, dass keine anstehende wichtige Fragestellung länger als sechs Wochen auf eine Entscheidung wartet.

Dazu ist ein klares Prozedere zu definieren, das die Phasen einer Entscheidungsfindung zugrunde legt. In den verschiedenen Gremien findet maximal dreimal die Behandlung einer offenen Fragestellung im Sinne der Information, Bildgestalt und Urteilsbildung statt. Danach kann in der Schulführung entschieden werden. Aus der Managementlehre kann beigetragen werden, dass eine möglicherweise falsche Entscheidung meist besser ist als eine nicht getroffene oder verschleppte Entscheidung.

Transparenz wichtiger Fragestellungen der Schulführung durch eine aktualisierte Pinnwand

Anstehende Aufgaben	Als Nächstes	Team Person	in Arbeit	Erledigt	Notwendige Nachsorge
		1			
		2			
		3			
		4			

Stufen eines Entscheidungsprozesses

Vorbereitung	Aufgabenstellung, Zielsetzung Abgrenzung/Weite des Auftrages Vorgaben, Rahmenbedingungen, Ressourcen Arbeitsweise, Zeit Gruppenbildung, Rollen, Aufgaben, Befugnisse, Verantwortung (insbesondere: Wer entscheidet wie?)	**10%**
Bildgestaltung	Alternative Lösungsmöglichkeiten entwickeln, sammeln Verdichten zu realistischen Alternativen Kriterien sammeln	**35%**
Urteilsbildung	Priorisieren der Kriterien Ausführlich diskutieren pro und contra Konsequenzen, persönliche Präferenzen	**35%**
Entscheidung	Auswahl, Beschluss Entschluss (Wer? Was? Mit wem? Wann? Wie? Wo?) Sichern der Ergebnisse Commitment, Überprüfungstermin?	**20%**

Prozessgestalt einer wichtigen Entscheidung in < 6 Wochen

	Vorbereitung	Bildgestaltung 1	Urteilsbildung 1	Bildgestaltung 2	Urteilsbildung 2	Entscheidung	Umsetzung	Controlling	Abrechnung
Schulführung	3		6		12	14		16	
Beratungskonferenz		4	7	10	13				
Päd. Konferenz	2								
Techn. Konferenz									
Interne Konferenz									
Geschäftsführung		5		11			15		17
Elternrat			8						
Arbeitskreis NN			9						
Vertrauenskreis									
Mitglieder-versammlung									
Initiativgruppe	1								

Evaluieren – Feedback einholen

Zum Mandat der Schulführung gehört, dass sie sich regelmäßigen Feedbackprozessen unterzieht. Bewährt hat sich eine jährliche Rückmeldung an die Schulführung-Gesamt und die einzelnen Ressorts aus der Schulgemeinschaft. Dies kann beispielsweise zum Beginn oder zum Ende eines jeden Schuljahres oder zum Ende eines Kalenderjahres stattfinden. Nach einer dreijährigen Amtszeit der Schulführung wird eine differenzierte Evaluation der getroffenen Entscheidungen, der Informationsprozesse und der Bewältigung von Spannungen in der Amtsperiode vorgenommen.

Effektives Arbeiten in den Konferenzen

Pädagogische Konferenz

Nach meiner Wahrnehmung ist die substanzielle Arbeit an den Grundlagen der Waldorfpädagogik, im konkreten Bezug zum Unterricht und zu den Kindern aufgrund der Dichte und Menge der für die Selbstverwaltung zu behandelnden Themen sehr viel seltener geworden. Häufig wird noch mit der tradierten und veralteten Form des Stuhlkreises von 30 bis 80 Kolleginnen gearbeitet.

Dahingegen arbeiten Methoden der Großgruppen-Moderation mit Tischgruppen von vier bis sechs Personen, die sich alle in einem Raum befinden. So ist neben der Einzelarbeit eine sehr viel schnellere Arbeit in Kleingruppen und im Gesamtplenum möglich. Darüber hinausgehend erweist sich eine Professionalisierung der Moderationstechniken mit einer Visualisierung auf Pinnwänden und Flipcharts als äußerst hilfreich, um auch in einer großen Gruppe schrittweise gemeinschaftliche Prozesse zu vollziehen.

Weitere innovative Impulse der Konferenzarbeit können ausgehen von:

- Kollegialen Lerngruppen, die sich regelmäßig mit einem selbstgewählten Thema aus dem Schulzusammenhang beschäftigen und ihre Anregungen zu gegebenem Zeitpunkt ins Plenum tragen
- Kontinuierlicher Biografiearbeit in Duos oder Trios

- Sozialkünstlerischen Übungen
- Bewegungssequenzen der Betriebseurhythmie nach Annemarie Ehrlich
- Individuellen Impulsen einzelner KollegInnen von etwa 15 Minuten über ihren persönlichen Zugang zur Anthroposophie oder zu Textstellen von Rudolf Steiner, die für sie besondere Bedeutung erlangt haben
- Innovativen Moderationstechniken, wie beispielsweise World Café, Brainwriting 6-3-5, Design Thinking, Varianten von Zukunftskonferenzen, Settings im Fishbowl, Verhandlungstechniken ...

Da sich in vielen Schulen zeigt, dass der Besuch der Konferenzen von den KollegInnen nicht mehr wie selbstverständlich wahrgenommen wird, ist die große Herausforderung, die Arbeit unmittelbar interessant und gewinnbringend für jeden und jede TeilnehmerIn zu gestalten. Hier wäre an vielen Stellen eine Professionalisierung sowie der Einsatz modernerer Methoden und Techniken zielführend.

Technische Konferenz

In der technischen Konferenz werden die notwendigen operationalen Schritte für die nahe Zukunft innerhalb der Kollegenschaft behandelt und vereinbart. Da diese Fragestellungen zum Ressort Organisation + Pädagogik gehören, liegt nahe, diese Konferenz aus diesem Ressort heraus zu leiten. Durch gute Vorbereitung der zu behandelnden Themen, durch schriftliche Vorinformationen, durch das Nutzen einer Internet oder Intranet Informationsplattform kann viel Innovationspotenzial in der Konferenzgestaltung mobilisiert werden. Voraussetzung ist immer eine gewisse Disziplin, die nur im Laufe der Zeit in einem Kollegium mit regelmäßigem Rückblick zu erarbeiten ist.

Um Zeit und Kraft zu sparen, können Technische Konferenz und Beratungskonferenz in einem zweiwöchigen Rhythmus abwechselnd erfolgen.

Beratungskonferenz

Die Beratungskonferenz ist der Raum, in dem die offenen Fragestellungen der Schulführung mit dem gesamten Kollegium im Sinne von Information, Bildgestaltung, Urteilsbildung stattfinden können. Insofern ist stimmig, wenn diese Konferenz von ein bis zwei Personen aus der Schulführung vorbereitet, geleitet und dokumentiert wird.

Hier werden die verschiedenen Aspekte von anstehenden Entscheidungen im Dialog erörtert und Betroffene eingebunden. Jede Person kann und darf sich äußern. Da die Prozesse erfahrungsgemäß eines angemessenen Zeitbudgets bedürfen, gehört die Beratungskonferenz als Bestandteil in die Konferenzstruktur.

Dazu stellt sich im Hinblick auf die Gleichberechtigung aller am Schulprozess Beteiligten die Frage, inwieweit die Teilnahme auch von Eltern sinnvoll sein kann.

Interne Konferenz

Waldorfschulen stehen vor vielen großen Herausforderungen. Sie unterscheiden sich von anderen Schulformen dadurch, dass es aus der Anthroposophie und Waldorfpädagogik heraus einen reichen Schatz gibt, spirituelle Substanz als Persönlichkeit und als Gruppe zu erlangen.

Aus meiner Sicht ist die Zukunft der Entwicklung der Waldorfschulen maßgeblich davon abhängig, wie intensiv an einer Vertiefung der pädagogischen Grundlagen aus der Quelle der Anthroposophie gearbeitet wird. Die Strahlkraft der Schule kann aus einem Zentrum entwickelt werden.

Eine der Zielsetzungen des gesamten Ressortmodells ist, die Konferenzen von den vielfältigen Fragen der Selbstverwaltung zu entlasten, Prozesse zu optimieren und Ressourcen zu schonen, um Freiraum zu gewinnen für diese substanzielle Arbeit.

Die Interne Konferenz ist das Gefäß für diesen Austausch. Der Schulungsweg der LehrerInnen – beispielsweise im Umgang mit den Lehrermeditationen – kann hier lebendig besprochen werden.

Transparenz und Dialog in der ganzen Schule

Wichtige Fragestellungen oder gar Weichenstellungen einer weiteren Schulentwicklung sollten unter den Mitgliedern der gesamten Schulgemeinschaft offen besprochen werden können. Eine angemessene Form dafür ist ein Schulforum (Rat), in dem ausreichend Raum und Zeit ist für Dialog und Entscheidungsvorbereitung. Hier können alle LehrerInnen, alle Eltern und OberstufenschülerInnen teilnehmen.

Es hat sich gezeigt, dass es sinnvoll ist, wenn ein Schulforum drei- bis viermal im Jahr tagt. Bei guter Vorbereitung wird es dankbar von einer größeren Zahl von TeilnehmerInnen angenommen.

Eltern-LehrerInnen-Trägerschaft

Die Eltern übernehmen in einer Waldorfschule eine wichtige Rolle. Immer wieder hat Rudolf Steiner betont, dass die Eltern ihr Bestes, nämlich ihre Kinder, dem Kollegium der Waldorfschule anvertrauen. Nur ein hohes Maß an Vertrauen und Respekt im Verhältnis von LehrerInnen und Eltern schafft die Grundlage für ein kooperatives Miteinander.

Durch ihre finanziellen Beiträge ermöglichen die Eltern die wirtschaftliche Existenz einer Waldorfschule, da die staatliche Förderung in Deutschland und den meisten anderen Ländern nur einen Teil der Schulkosten deckt. Hier sei erwähnt, dass ohne die großzügigen finanziellen Rahmenbedingungen, die seinerzeit Emil Molt geschaffen hat, die erste Waldorfschule in Stuttgart hätte gar nicht entstehen können.

Die Rolle der Eltern im Hinblick auf ihre Mitwirkung hat sich im Laufe der Entwicklungsgeschichte der Waldorfschule sehr verändert. Im folgenden wird diese Entwicklung in drei unterschiedlichen Stufen skizziert:

Kooperatives aber unverbundenes Nebeneinander

In dieser Stufe betreiben die LehrerInnen den Schulbetrieb ganz aus dem Bewusstsein der Verwirklichung der Waldorfpädagogik am Kind in einem engeren Sinne. Um diesem Anspruch gerecht zu werden, ist eine Zusammenarbeit im Pädagogischen nur mit Vorgebildeten aus der Waldorfpädagogik oder dem anthroposophischen Umfeld möglich und gewünscht. Es wird in Kauf genommen, dass ein Kollegium eher überlastet wird und Dinge unbearbeitet und defizitär bleiben, als dass in der Waldorfpädagogik nicht verankerte Menschen Verantwortlichkeiten in der Sozialgemeinschaft übernehmen.

Unter diesem Gesichtspunkt können Eltern tätig werden in einzelnen Bereichen, beispielsweise in der Pflege und Reinhaltung des Schulgeländes, in der Unterstützung beim Kochen und Backen und Ähnlichem. In pädagogische Fragen werden sie nur insofern einbezogen, als eine Situation mit ihrem Kind zwischen Elternhaus und LehrerIn zu behandeln ist. Eigene Initiative von Eltern im Schulzusammenhang ist nicht erwünscht.

In dieser Phase tritt das Phänomen auf, dass Eltern, die sich gerne enger mit der Schule verbinden und aktiv an einzelnen Stellen beteiligen möchten, keinen Zugang finden und sich dann enttäuscht wieder zurückziehen.

Begrenzte Einbindung

In einer nächsten Stufe wird die Rolle der Eltern erweitert und sie gelten dann als wertvolle Helfer, die das Kollegium in bestimmten Bereichen entlasten können. Notwendig bleibt eine klare Abgrenzung dahingehend, welche Fragestellungen allein den PädagogInnen obliegen und in welchen Bereichen Eltern Verantwortung übernehmen können. Dort wo Eltern die maßgebliche Verantwortung übernehmen, leisten Lehrerinnen Unterstützung und Beratung.

Alle Beteiligten dienen der Zielsetzung der Schule, Waldorfpädagogik in einer zeitgemäßen Form zu verwirklichen. Im Umfeld des pädagogischen Kernprozesses entstehen aber viele Themenfelder, die zusätzlich an einer Schule zu leisten sind. Weiterführende Aufgaben, die von Eltern beispielsweise gerne angenommen werden, sind: Berufsorientierung in den oberen Klassen, Moderation von Mitgliederversammlungen, Mediationen zwischen Eltern, Übernahme der Eltern-Beitragsgespräche, die Gründung eines Solidarfonds, die Verwaltung der Bibliothek, die Begleitung einer Cafeteria in Eltern-Verantwortung oder Schüler-Verantwortung, Suchtprävention, ein Ehemaligen-Verein für frühere LehrerInnen und Schülerinnen und Ähnliches.

In diesem skizzierten begrenzten Rahmen ist Eigeninitiative von Eltern möglich und erwünscht.

Partnerschaftliche Zusammenarbeit

In dieser Stufe findet eine Öffnung der Haltung der PädagogInnen statt, sodass ein partnerschaftlicher Austausch auf Augenhöhe ausdrücklich erwünscht ist. Anregungen von außen werden nicht als Kritik oder Vorwurf verstanden, sondern als hilfreiche Hinweise darauf, auch die Situationen im Unterricht zu verbessern und weiterzuentwickeln.

Die vielerorts bestehenden Berührungsängste weichen dem Erlebnis einer schicksalhaften Verbundenheit in der Schulgemeinschaft von LehrerInnen und Eltern. Damit tritt die gemeinsame Weiterentwicklung der Schulbiografie ins Zentrum der Aufmerksamkeit, begleitet von einer bewussten Pflege der Gemeinschaftsbildungsprozesse. Eine solche Kultur des Miteinander kann nur entstehen, wenn von beiden Seiten ein wertschätzender, achtsamer und gleichberechtigter Umgang miteinander gepflegt wird. Jede Form von partieller Überheblichkeit oder übergriffiger Belehrung vereitelt einen solchen Ansatz.

Die Erziehung von Kindern und die Begleitung von Jugendlichen über ihren Lebensweg vom sechsten bis zum achtzehnten Lebensjahr ist mit vielfältigen Spannungen und Konfliktpotenzialen behaftet. Entwicklung besteht auch im Bewältigen von Nadelöhr- und Krisensituationen und hat mit unerwarteten Veränderungen zu rechnen.

Es gehört zu unserer Zeit, immer wieder am Nullpunkt zu beginnen und zu neuer Orientierung zu gelangen. Aktuell sind wir immer mehr gefordert, diese Neubeginne aus „Wärmezellen“ des menschlichen Miteinander zu generieren. Ein gemeinsamer Weg, der allen weiterhilft ist nur mit denen möglich, die guten Willens sind, das heißt, die die soziale Kompetenz entwickeln, kooperativ aufeinander zuzugehen und lösungsorientiert mit den kritischen Fragestellungen umzugehen.

Im Zeitalter der Bewusstseinsseele sind die Menschen so weit individualisiert, dass sie sich zu allen Fragestellungen ihres Lebens selbstständig Urteile bilden können und wollen. Mit der Entscheidung von Eltern, sich in die Gemeinschaft einer Waldorfschule zu begeben, ist meist auch verbunden zu verstehen, was die Schule will, wie sie funktioniert, was die Hintergründe des pädagogischen Handelns ausmacht und welche Rolle sie als Eltern selbst im System übernehmen können.

In einer einzügigen Waldorfschule gibt es etwa 180 Elternhäuser und damit mehr als 300 Erwachsene, die in ihren Berufen an vielen Stellen Professionalität und Exzellenz erworben haben. Wenn sich eine Schule öffnen kann, diese Menschen in kooperativer Weise einzuladen zur Mitwirkung, und bereit wird, sie im Zentrum einzubeziehen, erhöht sich das kreative Potenzial um ein Vielfaches. Auch aus den artverwandten Disziplinen der Pädagogik und Gemeinschaftsbildung, der Psychologie, der Moderation, der Mediation, des Coachings, des Managements, der Personalentwicklung, der Organisationsentwicklung, des Konfliktmanagements, des Controlling und der Qualitätsentwicklung können wertvolle Impulse für die Weiterentwicklung des Schulprofils und der Schulgemeinschaft entstehen.

Aus meiner Erfahrung profitieren Schulen vielfältig davon, wenn die bestehenden Ängste an der Grenze der Zusammenarbeit zwischen Eltern und LehrerInnen abgebaut werden und Eltern verantwortungsvolles Handeln in nahezu allen Schulbereichen – natürlich in enger Abstimmung mit den LehrerInnen – übernehmen können.

Die schöne Erfahrung dabei kann sein, dass die in der Schule eingebundenen Eltern ein hohes Maß an Verbundenheit zur Schulgemeinschaft entwickeln, die oft zutiefst als sinnstiftend erlebt wird. Das wirkt sich natürlich auch auf das Verhältnis der Kinder und Jugendlichen zur Schule aus.

Andererseits kann nicht verschwiegen werden, dass diese Anteilnahme am Schulgeschehen nicht von allen Eltern gewünscht wird. Es zeigt sich, dass etwa ein Drittel der Elternschaft einer Schule in irgendeiner Form Interesse an einer qualitativen Mitwirkung hat, ein Drittel der Elternschaft auf Anfrage für bestimmte Aktionen zur Verfügung steht und etwa ein Drittel der Elternschaft die Schule zwar stützt und ihr dankbar gegenübersteht, sich aber nicht tätig engagiert.

„Der Einzelne kann sich nicht helfen, so wie heute die Menschheit entwickelt ist, sondern er muss das Seinige dazu tun, um der armen Menschheit mitzuhelfen. Nicht darauf kommt es an, dass wir uns heute sagen: ich will ein guter Mensch sein, uns hinsetzen, Gedanken aussenden, die alle Menschen lieben und so weiter …

… Nicht von der Illusion sollen wir leben wollen, wie brav, wie gut wir sind und uns die Finger ablecken, wie wir selber besser sind als die anderen; sondern wissen, wie wir drinnenstehen, das sollen wir, uns keinen Illusionen hingeben. Denn je weniger wir uns den Illusionen hingeben, desto mehr wird der Elan in uns Platz greifen, mitzuarbeiten an dem, was zur Gesundung des sozialen Organismus führt, die Fähigkeiten uns zu erobern, aufzuwachen gegenüber dem Schlafzustand, der die heutigen Menschen so tief befangen hat.“

R. Steiner. *Die soziale Frage als Bewusstseinsfrage.* GA 189. Vortrag vom 21.2.1919. Seite 72.

Die Besetzung der Ressorts

Allgemeines

Der Grundgedanke ist, jedes der Ressorts mit einem Elternteil und einem oder einer LehrerIn zu besetzen. Im besten Fall sind alle Mitglieder gleichzeitig eingetragene Vorstandsmitglieder des Vereins oder des alternativen Rechtsträgers.

Es kommt allerdings vor, dass qualifizierte Menschen in die Schulführung kommen wollen, aber aus persönlichen Gründen nicht bereit sind, in die Haftung für die Schule zu gehen. Fraglich ist dann, wie im Einzelfall die Situation ausgelegt wird. Aus meiner Sicht ist es auf jeden Fall erforderlich, dass zumindest eine Person in jedem Ressort gleichzeitig Vorstandsmitglied ist.

Bei einer Differenzierung der Rollen in der Schulführung in Vorstandsmitglieder und Nicht-Vorstandsmitglieder taucht leider sofort die Frage auf, ob die eingetragenen Vorstände, da sie die Haftung für den Verein übernommen haben, letztendlich das Sagen haben werden. Damit entsteht ein Unterschied im Hinblick auf die informelle Mächtigkeit der betreffenden Personen, die eine Wirklichkeit darstellt und sich auch im Alltag auswirken kann.

Im Ressort Wirtschaft + Finanzen ist die Teilnahme der Geschäftsführung notwendig. Allerdings kann die Funktion der Geschäftsführung in Schulsystemen unterschiedlich veranlagt sein. Meistens wird die Geschäftsführung vom Vorstand angestellt und ist insofern Erfüllungsgehilfe des Vorstandes.

Wenn alle anderen Mitglieder der Schulführung gleichzeitig Vorstände sind und gleichermaßen mächtig Entscheidungskompetenz besitzen, kann die Geschäftsführung nur beratendes Mitglied in der Schulführung sein. Die Konzeption ist im Einzelfall für die jeweilige Situation zu überdenken und anzupassen.

In der Mehrzahl der realisierten Situationen wird das Ressort Organisation + Pädagogik mit zwei LehrerInnen sowie einem Elternteil besetzt. Hintergrund ist, dass die Aufgabenerfüllung hierfür hohe Präsenz im Schulalltag erfordert. Die Verantwortlichen aus der Reihe der LehrerInnen fühlen sich sonst angesichts der Menge an Aufgaben schnell überfordert. Die Schulführung-

Gesamt kann für eine Amtsperiode von drei Jahren bestimmt werden. Bestätigungen für eine weitere Periode können möglich sein. Wechsel in der Schulführung-Gesamt und in den Ressorts erfolgen sinnvoller Weise möglichst organisch, was bedeutet, dass nicht alle aus einer Verantwortlichkeit gleichzeitig aus ihrem Amt ausscheiden.

In jedem Fall ist eine Übergabe- und Einarbeitungszeit für neue Mitglieder sinnvoll, allerdings maximal auf drei Monate begrenzt.

Einen Hort/Kindergarten einbinden

Wie in einer Waldorfschule ist auch in einem Kindergarten oder Hort eine Führungsorganisation nach den vier Ressorts sinnvoll. Da hier eine kleinere Anzahl von pädagogischen Fachkräften arbeitet, erscheint angemessen, dass jedes der Ressorts mit einer Person besetzt wird. Um die Zusammenarbeit mit Eltern zu erreichen, können die beiden Ressorts Organisation + Pädagogik und Personal aus dem Kreis der pädagogischen Fachkräfte besetzt werden und die Ressorts Zukunftsentwicklung und Wirtschaft + Finanzen mit Elternteilen. Wie oben aufgeführt, wären im Idealfall alle Mitglieder der Führungsstruktur gleichzeitig auch rechtlich-wirtschaftlich verantwortlich durch die Übernahme des Vorstandsamtes.

Die inhaltlich fachliche Zusammenarbeit zwischen dem Schulsystem und einem Kindergarten oder Hort kann auf unterschiedliche Art und Weise geschehen. Es bietet sich an, dass die jeweiligen Ressorts oder auch die kompletten Führungsstrukturen aus den verschiedenen Organisationsformen in einem regelmäßigen Rhythmus, beispielsweise einmal je Quartal, in Austausch treten. Alternativ könnten sich die jeweiligen Vorstandsmitglieder (falls nicht alle Mitglieder der Führungsstruktur gleichzeitig im Vorstand sind) zu aktuellen Fragestellungen beraten. Da es unterschiedliche Modelle gibt, z. B. ob ein Kindergarten Teil eines Schulvereins ist oder einen eigenen Verein betreibt, sind die jeweiligen Verhältnisse im Einzelfall situativ zu entwickeln.

Verschiedene sinnvolle Möglichkeiten der Vernetzung bei komplexeren Vereinsstrukturen

Die Finanzierung

Das Etablieren einer Schulführung ist eine wichtige Investition einer Schule. Eine gut geführte Schule kann sich klar strategisch positionieren, ihre Prozesse systematisch optimieren, weiterentwickeln und wachsendes Interesse in ihrem Umfeld generieren.

Das Übernehmen eines Amtes in der Schulführung ist verbunden mit der Bereitschaft zur Initiative und der Übernahme von Verantwortung. Auch wenn Delegationen eingeführt werden, ist jedes der Ämter mit einem erheblichen Arbeitsaufwand verbunden.

Aus meiner Sicht sollte diese Arbeit vergütet werden, da nur dann diese Amtsübernahme eine Bedeutung erlangt, deren ordentliche Erfüllung auch vom Schulsystem erwartet und gefordert werden kann. Für LehrerInnen in der Schulführung hat sich eine Freistellung von sechs Wochenstunden als realistisch erwiesen. Für das Engagement von Elternteilen ist eine adäquate Bezahlung einzuplanen. Falls für einzelne Elternteile der Bedarf nicht besteht, kann jederzeit eine Rückspende an die Schule geschehen. Eine Vergütung und Anerkennung der Leistung erscheint im Sinne einer nachhaltigen, funktionsfähigen Lösung notwendig.

Leider stoße ich in meiner Beratungstätigkeit oftmals auf Situationen, in der Ämter gutwillig übernommen wurden, dann aber das Alltagsgeschäft im Schulbetrieb vorgeht und die Verantwortlichkeiten nicht befriedigend ergriffen werden können.

Wie die folgende Übersicht zeigt, ist die vorgeschlagene Schulstruktur mit etwa zwei Deputaten zu veranschlagen.

		€
Bruttogehalt LehrerIn	mtl.	3.500,00
Arbeitgeberanteil	20%	700,00
Brutto Arbeitgeberkosten	mtl.	4.200,00
Arbeitgeberkosten p. a.	13	**54.600,00**
Deputat LehrerInnenstunden/Woche	24	
Wochen p. a.	50	
LehrerInnenstunden p. a.		1.200,00
1 LehrerInnenstunde		**45,50**
Kosten Schulführung Bezahlung/Freistellung je Mitglied Schulführung 6 h/Woche bei 50 Wochen = 300 h		13.650,00
Mitglieder Schulführung	8	**109.200,00**

Das Besetzungsverfahren „Stühle-Rücken“

Das Besetzungsverfahren des „Stühle-Rückens“ stellt sicher, dass die benannten KandidatInnen der Schulführung mit der nachhaltigen Rückendeckung aus dem Schulsystem rechnen können. Andererseits wird gewährleistet, dass alle Teilnehmenden in dem Prozedere nach definierten Kriterien positives wie kritisches Feedback an die freiwilligen BewerberInnen um ein Amt in der Schulführung geben können. Ich nenne dies ein Vorgehen, das im Zeitalter der Bewusstseinsseele angemessen erscheint, aber von allen Beteiligten ein hohes Maß an sozialer Kompetenz einfordert.

Teilnehmende

Grundsätzlich gibt es keine zahlenmäßige Begrenzung zur Teilnahme an diesem Prozess. Notwendig ist, dass neben dem gesamten Kollegium die tragende Elternschaft und eventuell SchülervertreterInnen der Oberstufe anwesend sind. Theoretisch kann die ganze Schulgemeinschaft eingeladen werden.

In den meisten Fällen wird eine ausgewählte Gruppe von TeilnehmerInnen bestimmt, die besteht aus dem Kollegium, dem beziehungsweise der GeschäftsführerIn, Mitgliedern des Vorstands, manchmal auch des Aufsichtsrats, den Elternratsmitgliedern, VertreterInnen des Schülerrats der 11. und 12. Klasse, dem Vertrauenskreis, der Ganztagesbetreuung, verantwortlichen Personen aus den bestehenden Arbeitskreisen und Delegationen, Personen aus Verwaltung, Küche, Personen, die in vorigen Amtsperioden in verantwortlichen Ämtern waren, Personen die im Vereinsgeschehen mindestens zwei Jahre aktiv waren und für ein Amt potenziell infrage kommen.

Kriterien für die Besetzung

Bevor ein „Stühle-Rücken" stattfinden kann, sind die wichtigsten Kriterien für jedes Ressort und für die Schulführung-Gesamt zu erarbeiten. Die Rückmeldungen im laufenden Prozess an die BewerberInnen dürfen sich dann ausschließlich auf diese Kriterien beziehen. Für jedes Ressort können sechs bis acht Kriterien im Fokus stehen.

Feedback kann sich auf das Verhalten des jeweiligen Menschen beziehen und darf kein Urteil über eine habituelle oder charakterliche Eigenschaft der Person beinhalten. Es bietet sich an, sowohl in der Kollegenschaft als auch in der Elternschaft eine vorangehende Veranstaltung zur Schulung qualifizierten Feedbacks durchzuführen. Das kann der Schule auch an vielen anderen Stellen zugutekommen.

Beispielhafte Kriterien für die Besetzung im Verfahren „Stühle-Rücken“

Für die Persönlichkeiten je einzeln	Für das Organ als Ganzes
• Das Ganze sehend	• Fähig zum Neubeginn
• Anerkannt	• „SPIRIT“uell
• Konfliktfähig	• Prozess- und Ergebnisorientiert
• Veränderungsbereit	• Kompetent
• Teamfähig	• Ausgewogen
• Integrierend	• Verschiedene sich ergänzende Fähigkeiten
• Zielstrebig	• Entscheidungsfähig und -willig
• Belastbar	• Konfliktfest
• Verbindlich	• Transparent
• Fachkompetent	• Wahrnehmungsfähig auch nach außen
• Der Waldorfpädagogik verpflichtet	
• Unabhängig	
• Lernfähig	

Das Prozedere

In sechs aufeinanderfolgenden Schritten wird die Schulführung besetzt. Es hat sich gezeigt, dass dafür ein Zeitraum von vier bis sechs Stunden notwendig wird.

Die BewerberInnen können durch die Position ihres Stuhles ihre Initiative und Bereitschaft zur Übernahme eines Amtes deutlich machen. Jede Person darf den Standort ihres Stuhles jederzeit verändern – notwendig ist allerdings, dass sie erklärt warum.

1.

Alle Teilnehmenden sitzen in einem großen Kreis. Falls zu wenig Platz ist, auch in zwei Kreisen. In der weiteren Beschreibung wird dieser Kreis als der grüne Kreis benannt.

Der erste Schritt besteht darin, die Rolle der Anwesenden zu konkretisieren:

Alle hier im Kreis sind bereit für den laufenden Prozess Verantwortung zu übernehmen, Feedback zu geben und mit den Ergebnissen des Prozesses zu leben. Falls dies nicht der Fall ist und Sie nur wahrnehmend hier sind: Bitte verdeutlichen Sie diese Entscheidung, nehmen Sie Ihren Stuhl und rücken bitte einen halben Meter nach hinten in die Position gelb. Erläutern Sie dann bitte kurz den Hintergrund ihrer Entscheidung.

2.

Im Innenraum des grünen Kreises werden durch vier Karten die vier Ressorts angedeutet. Die Frage lautet nun:

Wer ist bereit, in der Schulführung im Rahmen eines Ressorts verantwortlich zu arbeiten? Diese Person nehme bitte ihren Stuhl und rücke in die Mitte. Falls schon deutlich ist, in welchem Ressort Sie arbeiten möchten, bitte setzen Sie sich an die entsprechende Position. Das ist der rote Innenkreis.

Erfahrungsgemäß braucht diese Phase Ruhe und Besinnung. Es ist schon vorgekommen, dass sich innerhalb eines Zeitraums von zehn Minuten niemand in die Mitte gesetzt hat. Damit wird deutlich, dass hier offene Problemstellungen ungeklärt im Raum stehen. In einer Freien Waldorfschule mit gewünschter selbstverantworteter Verwaltung ist nicht erklärbar, wenn sich niemand findet. Den Persönlichkeiten steht demnach etwas anderes im Wege, was im Zweifelsfall dann zu thematisieren ist.

Ein erster hilfreicher Schritt kann sein, eine Unterbrechung von 30 Minuten einzuführen und sowohl den LehrerInnen wie auch den Eltern Zeit zu geben, sich in persönlichen Begegnungen auszutauschen und zu beraten. Ein weiterer Lösungsansatz kann sein, in einem Nebenraum kurzfristig eine Lehrerkonferenz einzuberufen und dort zu beraten, was möglichen KandidatInnen im Wege steht, ein Amt in der Schulführung zu übernehmen. Jede Situation stellt sich als einzigartig und meist sehr interessant dar. In allen Fällen, die ich in der Vergangenheit begleiten durfte, konnte eine Lösung gefunden werden.

Meistens rücken für die gesuchten acht FunktionsträgerInnen etwa zehn bis vierzehn Persönlichkeiten in die Mitte. Die Geschäftsführung wird aus ihrer Rolle qua Amt im Ressort Wirtschaft + Finanzen sitzen. Sie kann im weiteren Prozess entweder gleichberechtigt wie alle anderen teilnehmen, ihre Impulse und Qualifikationen darstellen und auch Feedback erhalten, oder aber sie setzt sich einfach auf ihre Position zur Verdeutlichung der zukünftigen Zusammensetzung.

Im nächsten Schritt werden die KandidatInnen aufgefordert, sich selbst vorzustellen und mit einer kurzen Wahlrede zu verdeutlichen, warum sie in der Schulführung arbeiten wollen und welche besonderen Qualifikationen sie einbringen können. Wenn dies alle BewerberInnen durchgeführt haben, wird sichtbar, welche Beweggründe sie haben und welche Fähigkeiten sie mitbringen.

3.

Jetzt kann jede der Personen des grünen Kreises jeder oder jedem der KandidatInnen im roten Kreis positives bestätigendes Feedback oder kritische Rückmeldungen geben und Fragen zur weiteren Klärung stellen. Den KandidatInnen steht jederzeit frei, ihren Stuhl wieder aus der roten Position in den grünen Stuhlkreis zurück zu setzen und damit die Bewerbung zurückzuziehen.

Bei den einzelnen Persönlichkeiten im roten Kreis zeigt sich sehr schnell, wie die Resonanz aus dem grünen Kreis ausfällt. Auf der einen Seite gibt es KandidatInnen, die sehr viel positives Feedback und Zuspruch zur Übernahme eines solchen Amts bekommen. Bei anderen Persönlichkeiten zeigt sich hingegen eindeutig, dass sie aus der Schulgemeinschaft im Moment keine ausreichende Rückendeckung für die Übernahme der Verantwortung in der Schulführung erhalten. In sehr seltenen Fällen ist die Moderation aufgefordert, Personen, die sehr viel kritisches Feedback erhalten, aber dennoch aus der Mitte nicht weichen wollen, dabei zu unterstützen, den Schritt zurück in den grünen Kreis zu setzen. Entsteht dabei Betroffenheit, findet sich in der Schulgemeinschaft meist rasch eine Persönlichkeit, die im Zweiergespräch helfen kann, die entstandene Enttäuschung zu verarbeiten.

Im Idealfall sitzen genau die richtigen acht Persönlichkeiten in der Zuordnung der vier Ressorts. Manchmal aber ist jemand noch unentschlossen, sich einem der Ressorts eindeutig zuzuordnen. Das kann auch noch im weiteren Prozess geschehen. Haben sich noch zu wenige Menschen in die Mitte gesetzt, wird der Prozess weiter fortgesetzt. Sind zu viele Menschen in die Mitte gerückt, bedarf es weiterer Argumente, wer denn geeignet erscheint. In einzelnen Fällen wurde der Innenkreis an dieser Stelle von acht auf zehn Personen erweitert.

4.

Nachdem der Innenkreis aus dem grünen Kreis „gerüttelt" wurde, steht nun an, dass sich im roten Innenkreis die Verhältnisse sortieren. Die Herausforderung ist, dort ein Team zu bilden, das sehr gut zusammenarbeiten kann. Dazu geben sich diese Persönlichkeiten gegenseitig rundum Feedback mit Blick auf persönliche Eignung, Professionalität und Zugehörigkeit zu dem jeweiligen angestrebten Ressort und auch – und das ist hier eine neue Qualität – wie und ob man sich die Zusammenarbeit mit dem jeweils anderen vorstellen kann oder auch nicht. Immer sind Veränderungen der jeweiligen Position durch das Verändern der Position des eigenen Stuhles möglich. Das alles geschieht offen und transparent für alle Anwesenden im Raum.

5.

Durch den Feedbackprozess von außen und die Klärungen im Inneren des potenziellen Schulführungsorgans ist die Situation reif für eine Bestätigung der Schulführung-Gesamt durch den grünen Kreis. Manchmal ist die Zuordnung der Personen zu den einzelnen Ressorts dabei noch nicht endgültig entschieden. Die Frage an den grünen Kreis ist nun:

Können Sie den Persönlichkeiten in der Mitte die Verantwortung für die Schulführung insgesamt zusprechen? Wenn Sie dafür sind, stehen Sie bitte auf!

Es zeigt sich, dass meist eine nahezu 100-prozentige Zustimmung erfolgt.

6.

Die im roten Kreis bestätigten KandidatInnen der zukünftigen Schulführung werden gefragt:

Nehmen Sie die Wahl an?

Nach der Bestätigung bleiben Innenkreis und Außenkreis noch für einen Moment stehen und empfinden den Prozess und die entstandene Energie im Raum nach.

Variante

Der Prozess des Initiativmandates „Stühle-Rücken“ schafft bei den bestätigten Mitgliedern der Schulführung ein Erlebnis der Sicherheit und des Vertrauens aus der Schulgemeinschaft, das meist über Jahre trägt.

Das Verfahren ist im Sozialen anspruchsvoll und nicht jede verantwortliche Vorbereitungsgruppe hat den Mut zu einem so offenen Verfahren. Möglich sind natürlich Varianten, die die Komplexität verringern, andererseits aber auch die Kraft des Verfahrens mindern können.

So kann zum Beispiel die Gruppe der Lehrer-KandidatInnen in einer der Konferenzen vorbesprochen oder benannt werden und in den roten Innenkreis entsandt werden. Gleichermaßen kann unter den Eltern im Elternlehrerrat eine Gruppe von Persönlichkeiten ausgewählt werden, die ihrerseits in den roten Innenkreis entsandt wird.

Es bleibt für den gemeinsamen Prozess in der gesamten Schulgemeinschaft noch der letzte Teil, das heißt das Überprüfen der Möglichkeiten einer guten Zusammenarbeit im roten Innenkreis. Falls es dann zu Unstimmigkeiten kommt, müsste das Verfahren an dieser Stelle im Sinne der Grundkonzeption geöffnet werden, um Persönlichkeiten zu finden, die die Rückendeckung des Systems gewinnen können.

Bestätigung der Schulführung als Vorstand

Ist in einer Schulgemeinschaft in großer Offenheit und Transparenz das Prozedere des „Stühle-Rückens“ vollzogen worden und eine Schulführung gefunden, kann die Bestätigung dieser Gruppe in der Mitgliederversammlung meist ohne Schwierigkeiten erfolgen. Die gesetzliche Rahmenbedingung, dass der originäre Prozess der Besetzung eines Vorstandes in der Mitgliederversammlung zu erfolgen hat und sich dort auch andere als die vorgeschlagenen Persönlichkeiten zur Wahl stellen können, kann noch einmal zu einer Öffnung des Verfahrens führen. Mir ist kein solcher Fall bekannt.

Phasen des Prozesses Initiativmandat – „Stühle-Rücken“

	Phase	
1.	**Sortieren** Wer übernimmt Verantwortung? Wer nimmt nur wahr?	• Grüner Kreis • Gelbe Position
2.	**Sich initiativ bewerben** Wer ist bereit, in der Schulführung in einem Ressort zu arbeiten? Mit kurzer „Wahlrede“	• Rote Position
3.	**Feedback geben/erhalten => legitimiert werden** Wer wird als Person mit einer Mitwirkung in der Schulführung bestätigt? Wer hinterfragt?	• Grüner Kreis
4.	**Ausgestalten unter den Verantwortlichen** Die Personen im Innenkreis geben sich Feedback mit Blick auf persönliche Eignung, Professionalität und Besetzung der Ressorts.	• Nur roter Kreis
5.	**Bestätigen der gesamten Schulführung** Abstimmung	• Grüner Kreis
6.	**Annehmen der Wahl mit Übernahme der Verantwortung** Zusammenstehen	• Roter Kreis

Die Einführung des Ressort-Modells

Die Entscheidung, eine neue Schulführung zu etablieren, ist oft die Folge eines längerfristigen Schulentwicklungsprozesses. Meist kann diagnostiziert werden, dass die Fragestellungen der Kommunikation, der übergreifenden Zusammenarbeit, der finanziellen Abstimmung, der verbindlichen Verantwortungsübernahme, der Konfliktbewältigung ... nicht befriedigend gelöst werden.

Andererseits kann eine Schule auch sehr gezielt auf das Einführen dieser Konzeption zugehen. Die minimale Zeit, in der in einer einzügigen Schule das Ressortmodell mit all seinen Fragestellungen bearbeitet, individualisiert und umgesetzt werden konnte, betrug sechs Monate. In der folgenden Übersicht ist die Abfolge dieses Prozesses skizziert.

Möglicher zeitlicher Rahmen

1	2	3	4	5	6

1. Info-Veranstaltung, Entscheidung Lenkungsgruppe
2. Schulklausur
3. Arbeit mit dem Kollegium
4. Konzeption anpassen
5. Resonanz aus dem System
6. Entscheidungskonferenz
7. Schulung Feedback
8. Wahl Schulführung
9. Festakt u. Infoabend für Schulgemeinschaft

Veränderungsverantwortung in einer Lenkungsgruppe

Wenn Schritte der Weiterentwicklung anstehen, kann die Verantwortung für den Prozess an eine Lenkungsgruppe vergeben werden. In den meisten Fällen wird das in einem gemeinsamen Workshop von Vorstand, Interner Konferenz, Geschäftsführung, VertreterInnen des Elternrats, weiteren Eltern, MitarbeiterInnen aus Verwaltung, Schulküche ... möglich sein. Die Lenkungsgruppe kann sich zusammensetzen aus VertreterInnen unterschiedlicher Gruppierungen und Organe der Schule. Allerdings kann sie den Prozess nur erfolgreich führen, wenn ihre Mitglieder in der Schule als fachlich kompetent und moralisch integer angesehen werden.

Ihre Funktion besteht darin, die differenzierten Inhalte einer neuen Schulstruktur und der damit verbundenen Prozesse auszuarbeiten und den Veränderungsprozess bis zu einem verbindlichen Votum einer Mitgliederversammlung partizipativ zu organisieren, zu verantworten und zu entscheiden. Die verschiedenen Entwicklungsstände auf dem Prozess der Reife können in allen Organen im Schulsystem besprochen werden und es können unterschiedliche Formen von Rückmeldungen an die Lenkungsgruppe gewählt werden. Es liegt unstrittig in ihrer Freiheit und Verantwortung die Rückmeldungen aufzugreifen, Richtungsentscheidungen zu fällen und die Konzeption für diese Schule auszudifferenzieren. Falls eine externe Beratung hinzugezogen wird, organisiert die Lenkungsgruppe in enger Abstimmung die Einsätze der externen Beratung, reflektiert die vollzogenen und entwickelt die nächsten erforderlichen Schritte. Wesentlich ist, dass der Arbeitsauftrag der Lenkungsgruppe so weit gefasst ist, dass daraus ein abstimmungsreifes Gesamtkonzept entstehen kann.

Wenn eine Gemeinschaft diesen Weg geht, eine Lenkungsgruppe mit den richtigen Personen zu bestimmen, weht das oft wie ein frischer Wind durch die ganze Schule mit ihren verschiedenen Organen. Für viele Beteiligte entsteht eine große Entlastung, verbunden mit der Hoffnung, dass die ungelösten Fragestellungen in Zukunft konstruktiv bearbeitet werden können. In der Lenkungsgruppe selbst herrscht meist großer Optimismus und Freude an dem Gestaltungsauftrag. Es erscheint möglich, Altes hinter sich zu lassen, Trübes zu klären und einen neuen hoffnungsvollen, zukunftsorientierten Anfang zu setzen. Die Lenkungsgruppe hat damit eine Vorreiter- und Schrittmacherrolle im Prozess der Schulentwicklung. Sie kann die Selbstheilungs- und Selbstentwicklungskräfte in der Organisation beleben und weiter ausbauen.

Dafür ist wesentlich, dass sie sich selbst gut organisiert und die verschiedenen Aufgaben untereinander aufteilt. Elemente von Teamentwicklung sind hilfreich dahingehend, sich besser kennenzulernen, Temperament, Arbeitsstil, besondere Fähigkeiten füreinander sichtbar zu machen, gemeinsame Spielregeln zu vereinbaren, einen Rhythmus der Zusammenarbeit zu finden, zur Verfügung stehende Ressourcen zu nutzen (Räume, Arbeitsmittel, Computereinsatz, Sekretariatsunterstützung) sowie die regelmäßige Besinnung und Rückschau zu üben.

Weiter ist wichtig, dass relativ rasch erste sichtbare Ergebnisse entstehen. In der Gruppe selbst und im Schulsystem insgesamt kann wachsendes Vertrauen entstehen, sobald erste skizzenhafte Lösungsansätze aufgezeigt werden können.

Fragen zur Ausgestaltung des Integrationsmodells, die in einer Lenkungsgruppe bearbeitet werden können

Struktur

- Welche Aufgaben, Befugnisse und Verantwortung liegt in den Ressorts, welche bei der Schulführung-Gesamt?
- Welche Delegationen werden in welchem Ressort verantwortet?
- Mit welcher Konstellation von Eltern und LehrerInnen sollen die Ressorts besetzt werden?
- Gehört die Funktion Geschäftsführung zu einem Ressort? Ist sie kombiniert mit einer Vorstandsfunktion?
- Wieviele Mitglieder der Schulführung kommen auch in den Vorstand?
- Welche Entgeltregelungen sollen für die Mitglieder der Schulführung gelten? Wie hoch ist dann die Belastung der Schule?

Personen

- Sind die Personen im Vorstand und in der bisherigen Schulführung vorbereitet, ihre Ämter zur Verfügung zu stellen?
- Welcher Personenkreis soll zum Stühle-Rücken-Verfahren eingeladen werden?
- Sollen geeignete Persönlichkeiten im Vorfeld angesprochen werden? Von wem?

Prozess

- Nach welchen Kriterien soll im Stühle-Rücken Feedback stattfinden?
- Wann soll das Stühle-Rücken stattfinden?
- Welche Amtszeiten haben die Personen in den Funktionen?
- Wie wird in laufender Amtszeit bei Ausfall, Rücktritt nachbesetzt?
- Welche juristischen Sachverhalte sind zu berücksichtigen, anzupassen?
- Wie soll die zukünftige Kommunikation mit dem Kollegium und den Eltern, der SchülerInnen-Mitverwaltung stattfinden?

Schulführung

- Welche Entscheidungen können im Ressort getroffen werden, welche in der Schulführung-Gesamt?
- Mit welchen Mehrheiten werden welche Fragestellungen entschieden?
- Welche Mehrheiten gelten, wenn ein Schulführungsmitglied von anderen Mitgliedern der SF ausgeschlossen werden soll?
- Wie sieht die zukünftige Konferenzstruktur aus?
- Wie werden die Arbeitszeiten in den Ressorts und in der Schulführung-Gesamt vereinbart?

Die Integrationsphase

Der Übergang

Die wirkenden Kräfte für Veränderung sind meist entweder Schmerz oder Erkenntnis. Übertragen in die Organisationsentwicklung heißt das, Entwicklung geschieht entweder defizit- oder ressourcenorientiert. Durch die Defizitorientierung entsteht eine Drucksituation, die nach Veränderung ruft. Durch die Ressourcenorientierung zieht etwas aus der Zukunft hin zu etwas Neuem.

Die Differenzierungsphase kommt in eine Krise, wenn ihre originären Qualitäten nicht mehr im System erlebt werden: Klarheit der Funktionen und Verantwortlichkeiten, eindeutige stimmige Prozesse, transparente Entscheidungen, eingehaltene Budgets, verantwortlich begleitete Delegationen, zeitnahe Bearbeitung von Spannungssituationen. Dafür zeigt sich die Schattenseite stärker, beispielsweise durch Konkurrenz verschiedener Machtzentren, egozentrische Auslegung der Verantwortlichkeiten, Überlastung der vertikalen Kommunikationsstrukturen, strategisches Kompetenzgerangel, sinkende Qualität in den Kernprozessen oder finanzielle Schwierigkeiten.

Die Differenzierungsphase kann im positiven Sinne weiterentwickelt und überwunden werden, wenn sich die verschiedenen Teilsysteme als EINE „Lernende Organisation“ verstehen –

mit dem Ziel, einen immer größeren Kundennutzen zu erzeugen. Für dieses übergeordnete Ziel, Nutzen zu stiften, werden lebendige Werte und motivierende Zukunftsbilder entwickelt. Der Fokus ist, eine immer bessere Schule zu werden im Hinblick auf die Qualität des Unterrichts, der Unterstützungs- und Führungsprozesse. Alle Handlungsansätze geschehen mit dem Blick auf die Ganzheit der Organisation.

Qualitäten

In den weiteren Ausführungen werden die Qualitäten der Integrationsphase dargestellt im Sinne des ressourcenorientierten Ansatzes, das heißt als Weiterentwicklung des Ressortmodells.

In einer Schule, die einige Jahre mit dem Ressortmodell gelebt hat, kann ein Reifungsprozess stattgefunden haben, der die zentrierte Führungsorganisation in den vier Ressorts immer weniger wichtig werden lässt. Wenn es gelingt, die einzelnen Delegationen mehr und mehr verantwortlich selbstständig agieren und entscheiden zu lassen und immer seltener situativ agogische Führungseingriffe notwendig werden, kann die Organisation einen Paradigmenwechsel hin zu mehr motivierter Selbstorganisation schaffen.

Wie der Mensch als Wesen mit Geist, Seele und Leib differenziert angeschaut werden kann, kann in einer Organisation das Kulturelle, das Soziale und das Operative System unterschieden werden. Für den skizzierten Schritt der Weiterentwicklung sind in diesen Subsystemen weitere Qualitäten erforderlich.

Drei Subsysteme einer Organisation

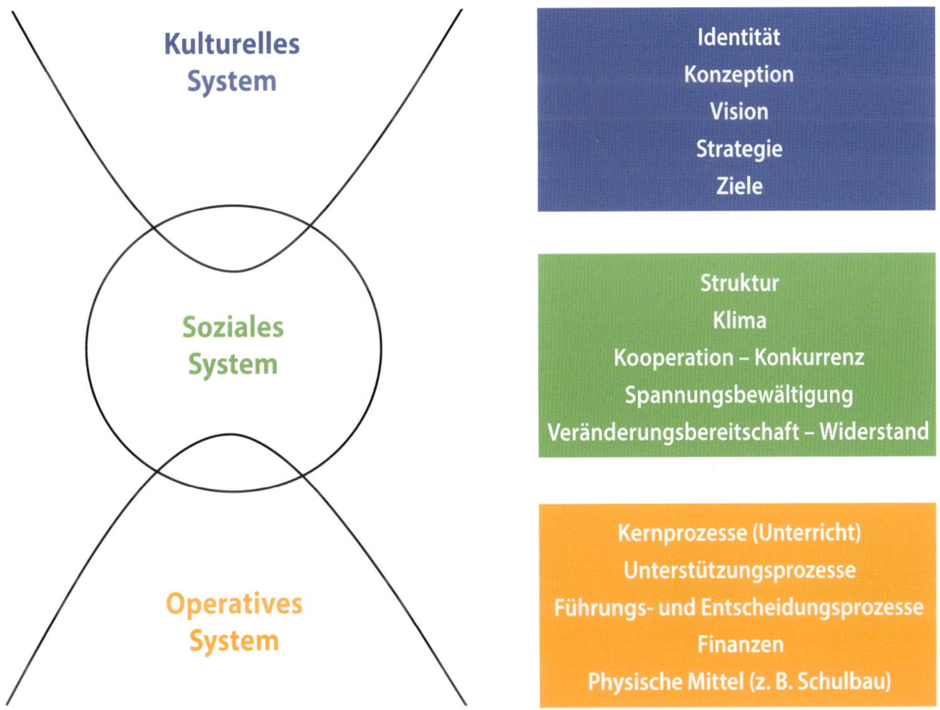

Reife im Kulturellen, im Sozialen und im Operativen System

Das Grundbild der Integrationsphase ist, die Organisation als lebendigen Organismus zu begreifen. Wie auch die Zellen im menschlichen Körper sich selbst organisieren und eine tiefliegende Kenntnis darüber haben, welche Funktion sie erfüllen, verfügen auch die Akteure im System über ein immanentes Wissen, welche Aufgaben sie im Rahmen ihrer Rolle und Funktion stimmig zum Sinn der Organisation zu ergreifen haben.

„Die Organisation wird als ein ***Energiefeld****, ein emergierendes Potenzial, eine Lebensform gesehen, die ihre Interessengruppen übersteigt und ihrem eigenen evolutionären Sinn folgt. In diesem Paradigma „führen" wir nicht die Organisation, nicht einmal dann, wenn wir der Gründer oder Besitzer sind. Stattdessen sind wir* ***Begleiter*** *der Organisation: Wir sind das Instrument, das auf das tiefe kreative Potenzial der Organisation hört und ihr hilft, ihre Aufgabe in der Welt zu verwirklichen."* (F. Laloux. *Reinventing Organizations.* Ein Leitfaden zur Gestaltung sinnstiftender Formen der Zusammenarbeit. München. 2015. Seite 223)

Die einzelnen Funktionen stehen zurück hinter einer Kundennutzen- und Prozessorientierung. Die Nähe zum Kunden, periodische Befragungen, Kundenkonferenzen und der Austausch mit Lieferanten dienen dazu, eine immer bessere Leistung zu erbringen. Um dies in den Teileinheiten zu ermöglichen, tritt an die Stelle der situativen Führung die Selbstplanung, Selbstorganisation und Selbstkontrolle der einzelnen Funktionen. Idee ist, dass so tieferes Sinnerleben und größere Befriedigung bei der Erledigung der Aufgaben erfahrbar wird. Es zeigt sich, dass dabei die **Arbeit am System** (das heißt die ständige Optimierung der Zusammenarbeit der einzelnen Teileinheiten im Hinblick auf Verankerung der Werte, Leitbilder, Ziele, der Kommunikation, der kontinuierlichen Beziehungsklärung) die gleiche Wichtigkeit hat, wie die **Arbeit im System** (guter Unterricht, ständige Weiterbildung, Qualitätssicherung, fächerübergreifende Zusammenarbeit, Weiterentwicklung des strategischen Profils der Schule, Inklusion, Selbstverantwortetes Lernen als Konzeption, Umgang mit Medien, Sexualkunde, IT Kompetenz in der Oberstufe, Gewaltfreie Kommunikation, Sozialkompetenzen einer dauerhaften Beziehung, Berufsorientierung ...).

Angelehnt an die Literatur zu agilen Arbeitsformen in modernen Organisationen kann ausgeführt werden:

Zielsetzung ist, den Organismus zu nähren, eine beseelte Organisation zu schaffen, eine Kultur der positiven Stimmung zu schaffen, in der die Menschen aus dem Herzen sprechen und nicht aus ihrem Ego. Es ist deutlich, dass dies möglich wird mit einer hochentwickelten Stufe von Bewusstsein. Es geht darum, vorbehaltlos und in Freiheit das zu tun, was sinnvoll und notwendig ist.

So kann Energie frei werden, die mit Klarheit und Weisheit produktiv genutzt werden kann. Parallele Teams erarbeiten sich ein Netz individueller Absprachen und stehen so in Kontakt, damit das Wichtige und Richtige geschieht. Im Idealfall können sie eigenverantwortlich finanzielle Mittel beanspruchen, ohne sich dafür eine Genehmigung holen zu müssen. Entscheidend ist die Qualität der Abstimmung untereinander.

Qualitäten im Kulturellen System

- Organisation als organisches Gebilde, das sich dynamisch verändern kann nach Aufgabenstellung und Kundenanforderungen
- Ständige innere Verbindung zum Sinn der Organisation
- Prozessorientierte Profil- und Strategieentwicklung
- Selbstverantwortung, Selbstführung, Selbstverwaltung, Selbstkontrolle
- Vertrauen, Offenheit
- Experimentierfreude, Spontanität, unternehmerisches Denken
- Mut zu Fehlern und Brüchen
- Innovation fördern
- Schaffen und Gestalten von Freiräumen
- Als Organisation Individualität und Unverzichtbarkeit entwickeln: höherwertige Produkte, innovativere Dienstleistungen, kreativere Services

Qualitäten im Sozialen System

- Grenzen überwinden, Barrieren abbauen
- Durchlässigkeit
- Kooperations- und Integrationsfähigkeit
- Akzeptanz der verschiedenen Fähigkeiten und Begabungen
- Respekt
- Projektartige, fluide Strukturen
- Vielfältig variierte Formen der Zusammenarbeit in kleineren und größeren Gruppen
- Kreative Designs und Settings zum Austausch von Ideen und Neuigkeiten
- Kooperatives Austauschen und Lernen
- Regelmäßige Feedbackprozesse, Resonanzschleifen
- Eindeutige Rollendefinitionen
- Beziehungsmanagement nach Bedarf, lose und/oder eng verbunden

Qualitäten im Operativen System

- Balance zwischen Kontinuität und Veränderung
- Verantwortung an den Ort des Geschehens verlagern
- Wenige klare Regelungen
- Eindeutige Entscheidungsprocedere (z. B. Konsent-Methode)
- Strukturierte Procedere der Einwandbehandlung
- Agile Arbeitsmethoden, (z. B. analoges Scrum mit differenzierten Rollen und Verantwortlichkeiten im Entwicklungs- und Veränderungsprozess)
- Intuitive Arbeitsmethoden
- Kreative Arbeitsumgebungen schaffen
- Vielfältige Räume des individuellen und gemeinsamen Arbeitens und Lernens
- Eventuelle Fehler früh erkennen und direkt angemessen reagieren
- Co-Creation, d. h. partnerschaftliche Zusammenarbeit über die Grenzen der Schule hinaus

Professionalisierung

Es gibt sicher viele gut aufgestellte Waldorfschulen, die Elemente der Integrationsphase bereits entwickelt haben. Für die Mehrheit der Schulen allerdings gilt nach meiner Meinung, dass die sozialen Fähigkeiten und die methodischen Ansätze für die Verwirklichung von Aspekten der Integrationsphase einer Professionalisierung bedürfen. Wenn sich eine Schule auf diese Zielsetzung ausrichten möchte, wird sicher Vieles möglich werden. Aus meiner Sicht bedarf es dazu eines strategisch ausgerichteten Organisationsentwicklungsprozesses, der kontinuierlich über Jahre geführt wird.

Der größte Irrtum allerdings könnte darin bestehen, dass sich eine Schule bereits in der Integrationsphase wähnt, große Freiheitsräume generiert, auf Selbstverwaltung mit den Qualitäten der Integrationsphase hofft, aber dennoch bei den maßgeblichen Richtungsentscheidungen gemäß den informellen Macht- und Entscheidungsstrukturen der Pionierphase immer wieder spontan agiert.

Ausblick auf die Assoziationsphase

Mit der Assoziationsphase wird das Bild einer Organisation über ihre Grenzen hinaus erweitert. Das betrifft einerseits die vorgelagerten Schritte in einem Kernprozess, die in der Regel durch die Lieferanten abgedeckt werden, und andererseits die Intensivierung der Beziehungen zur Nutzer- und KundenInnenseite. Die ständige bewusste Pflege der Nahtstellen an den Grenzen der eigenen Organisation rückt hier verstärkt in den Mittelpunkt. In der Assoziationsphase übernimmt eine Organisation die Verantwortung für die jeweiligen Prozesse über die eigenen Grenzen hinaus.

Für eine Waldorfschule könnte das bedeuten, sich intensiv mit anderen (auch internationalen) Schulen, einem Landschulheim, einer Segelschule, einem Sportverein, mit Handwerks- oder Industriebetrieben, mit landwirtschaftlichen Betrieben, mit sozialen Einrichtungen, mit gemeinnützigen Initiativen usw. zu verbinden.

Vielleicht könnte es auch bedeuten, die eigenen Lehr- und Lernprozesse über die Zielgruppe der SchülerInnen hin zu den Eltern und den Interessierten im Umfeld auszuweiten.

Auf der anderen Seite könnte das heißen, beispielsweise mit den Lieferanten der Schulhefte und Schreibmaterialien in einem kreativen Entwicklungsprozess zu stehen, mit KünstlerInnen und SchriftstellerInnen kreative Ansätze im Unterricht zu entwickeln oder die Lieferanten der Lebensmittel in die Prozesse der Schulküche intensiv einzubinden.

Beispiele

von Freien Waldorfschulen, die nach dem Ressortmodell arbeiten und dies auf ihrer Website ausschildern

https://www.waldorf-salzburg.info/organisation/schulleitungsstruktur/schulleitung-das-salzburger-modell

https://www.frss-ottersberg.de/schule/schulstruktur/organe.php

https://www.fwsl.at/freie-waldorfschule-linz/menschen/schulfuehrung

https://www.waldorf-wuerzburg.de/schule/selbstverwaltung/

Literaturangaben

Bauer. J. (2015). Selbststeuerung. München.
Glasl, F. (2017). Konfliktmanagement. Stuttgart.
Glasl, F. Kalcher, T. Piber, H. (2014). Professionelle Prozessberatung. Stuttgart.
Glasl, F. Lievegoed, B. (2016). Dynamische Unternehmensentwicklung. Stuttgart.
Harslem, M. (1999). Wie arbeiten Eltern und Lehrer zusammen? Stuttgart.
Hofert, S. (2016). Agiler führen. Wiesbaden.
Hornemann, B. Steuernagel, A. (2017). Sozialrevolution. Frankfurt/M.
Koolmann, S. Nörling, J. E. (2015). Zukunftsgestaltung Waldorfschule. Wiesbaden.
Laloux, F. (2014). Reinventing Organizations. München.
Lencioni, P. (2014). Die 5 Dysfunktionen eines Teams. Weinheim.
Malik, F. (2015). Navigieren in Zeiten des Umbruchs. Frankfurt/M.
Oestreich, B. Schröder, C. (2017). Das kollegial geführte Unternehmen. München.
Pfläging, N. (2013). Organisation für Komplexität. Norderstedt.
Robertson, B. (2016). Holacracy. München.
Rohm, A. (2006). Change-Tools. Bonn.
Sattelberger, T. Welpe, I. (2015). Das demokratische Unternehmen. Freiburg.
Sprenger, B. Novotny, T. (2016). Der Weg aus dem Leadership Dilemma. Berlin.
Steiner, R. Aufsätze über die Dreigliederung des sozialen Organismus ... 1915 – 1921. Dornach 1961. GA 24.
Steiner, R. Die soziale Frage als Bewusstseinsfrage. Dornach. GA 189.
Steiner, R. Brief an die Lehrkräfte der Freien Waldorfschule in Stuttgart, 15. März 1925. Dornach. GA 269.
Weischedel, W. (1972). Das Wesen der Verantwortung. Frankfurt.
Weiss, M. (2016). Handlungskompetenz Innovation. Bern.
Wember, V. (2012) Wille zur Verantwortung. Tübingen.
Wüthrich, H. A. (2009). Musterbrecher. Führung neu leben. Wiesbaden.
Zur Bonsen, M. (2010). Leading with Life. Wiesbaden.

Vita Harald Jäckel

Dipl.-Kfm., Jahrgang 1952. Studium der Betriebswirtschaft, Vertriebsausbildung.
Selbständiger Geschäftsführer, Vertrieb-/Projektmanagement.
Pädagogisches Aufbaustudium am Institut für Waldorfpädagogik in Witten Annen.
Mitgründung der Freien Waldorfschule Wetterau in Bad Nauheim.
Sieben Jahre Waldorflehrer – ein Jahr in der FWS Frankfurt, sechs Jahre in der FWS Wetterau.
Trigon PE-Werkstatt, Coaching-Werkstatt, Zertifizierung als Mediator und DiSG Trainer.
Seit 1992 Berater und Trainer für Organisations-, Management-, Personalentwicklung und Konfliktmanagement.
1994 Mitglied von Trigon Entwicklungsberatung.
Mitglied im weltweiten Beraternetzwerk „Association for Social Development".
Verheiratet, Vater einer Tochter und eines Sohnes.
Lebensraum ist Prien am Chiemsee.
Freizeit: Segeln, Schwimmen, Radeln und Philosophieren.

E-Mail:
harald.jaeckel@icloud.com
harald.jaeckel@trigon-schweiz.ch

https://www.trigon.at/berater/harald-jaeckel/

Info3-Verlag
Kirchgartenstr. 1, DE-60439 Frankfurt
Tel. 069-58 46 47, Fax 069-58 46 16
vertrieb@info3.de

www.info3.de